Bov Bjerg · Horst Evers · Hannes Heesch ·
Christoph Jungmann · Manfred Maurenbrecher

Merkeljahre sind keine Herrenjahre

Über das Buch

Bjerg, Evers, Heesch, Jungmann und Maurenbrecher – fünf höchst unterschiedliche Typen der Berliner Kleinkunstszene. Was sie eint? Das Kommentieren des Zustands der Berliner Republik. Am Ende jedes Jahres blicken sie auf die Themen der vergangenen zwölf Monate zurück. 20 Jahre und 20 Bühnenprogramme später ist eine Form von Gesamtwerk entstanden – Zeit, den Zustand der Berliner Republik anhand dessen endlich einmal in einem gemeinsamen Wurf zu verorten! Die Selbstgewissheiten der Bonner Puppenstube sind passé. Das gute alte Vier-Parteiensystem hat sich längst aufgelöst. Soziale Unsicherheiten, nationalistische Umtriebe, Energiewenden von der Energiewende der Energiewende. Und außenpolitisch? Uneingeschränkte internationale Verantwortung an der Seite von Typen wie Trump, Putin, Orbán und Erdoğan? Die fünf Kabarettisten bringen Licht ins Chaos. Vorhang, äh ... Buch auf für ein neues Programm aus 20 Jahren Rückblick. »Best-of«, bisher Unveröffentlichtes und Blick hinter die Kulissen inklusive!

Über die Autoren

Horst Evers (*1967), Bov Bjerg (*1965), Hannes Heesch (*1966), Christoph Jungmann (*1962) und Manfred Maurenbrecher (*1950) bilden das famose Fünfer-Ensemble des kabarettistischen Jahresrückblicks im Berliner Mehringhoftheater. Seit 1997 begeistern sie Jahr für Jahr Tausende Zuschauer mit treffender Politsatire und Zeitgeistkritik. Sie alle haben ihre Wurzeln in verschiedenen Berliner Lese- und Kabarettbühnen sowie im Improvisationstheater.

Bov Bjerg · Horst Evers · Hannes Heesch ·
Christoph Jungmann · Manfred Maurenbrecher

Merkeljahre sind keine Herrenjahre

ullstein extra

Ullstein extra ist ein Verlag der Ullstein Buchverlage GmbH
www.ullstein-extra.de

ISBN 978-3-86493-102-4

© Ullstein Buchverlage GmbH, Berlin 2019
Alle Rechte vorbehalten
Umschlagabbildung: Michael Sowa
Umschlaggestaltung: Sabine Wimmer, Berlin
© Garderobenskizze: Bernd Schirpke
© Autorenfoto: David Baltzer, Agentur Zenit
Gesetzt aus der Aldus nova
bei Pinkuin Satz und Datentechnik, Berlin
Druck und Bindung: GGP Media GmbH, Pößneck
Printed in Germany

Inhalt

Vorwort   9

1 Prä-Historie und Vor-Geschichten: Von Abschieden, Aufbrüchen, harten Männern und starker Währung (1999–2001)   12

Garderobengespräch 1999   12

Auf Wiedersehen, D-Mark (2001)   18

Schröder: Nachdenken über 9/11 und die »Uneingeschränkte Solidarität« (2001)   21

Der Lichtenberger: Gysi is busy (2001)   24

Schily: Verbot einer besonders aggressiven extremistischen Vereinigung (2001)   29

2 Angies Aufstieg: Von Rot-Grünen Experimenten, neuen Kriegen und Merz-Gefallenen (2002–2004)   32

Garderobengespräch 2002   32

Nachwahlzeit (2002)   36

Merkel und Stoiber (2002)   38

No Americans in Bagdad (2003)   45

Schröder: Rot-Grün auf Fahrradtour (2003)   50

Der Untergang (des Abendlandes) (2004)   56

Meine Merkel (2019)   59

3 Schwarz-Roter Aufschwung:
Von Vorratsdatenspeicherungen, Abwrackprämien und Betrachtungen aus dem Hartz (2005–2008) — 62

Garderobengespräch 2005 — 62

Hemd auf, Hose runter (2005) — 68

Netzer und Delling: Deutsche Identität (2006) — 72

Gimme Hope, Obama (2008) — 80

Vorratsdatenspeicherung (2008) — 83

Merkel und Müntefering (2008) — 88

Jahresvorschau auf 2009 (2008) — 95

4 Schwarz-Gelber Höhepunkt:
Von Eurokrisen, Westerwellen, Atomkraftwerken und Wenden von der Wende (2009–2012) — 101

Garderobengespräch 2009 — 101

Westerwelle: 15 Prozent! (2009) — 105

Du kannst es – Rede an Sarrazin (2010) — 106

Eyjafjallajökull (2010) — 112

Der Lichtenberger: Steglitz (2010) — 115

Der Lichtenberger: Alles muss raus (2011) — 121

Die Versuchsanordnung der Eurokrise (2011) — 128

Paradies Rüdi (2011) — 135

Schwabenhass – Ein Essay (2011) — 138

Bye-bye Atomkraftwerk (2011) — 143

Gauck: Sorge, Mut, Trost und Tränen (2012)	145
V-Mann-Style (2012)	150
Merkel und Steinbrück I (2012)	153
Meine Männer (2019)	156

5 Rot-Schwarzer Abschwung: Von Drohnen, Segelschulschiffen, zu kurzen Rolltreppen und transatlantischen Schäden (2013–2016) … 163

Garderobengespräch 2013	163
Wölfe in Brandenburg (2013)	168
Merkel und Steinbrück II: Im Keller (2013)	170
Der werfe die erste Rolltreppe (2013)	174
Drohnen – ein Fachvortrag (2013)	178
Geheimer, also dadurch für die dann ja quasi offener Brief an die NSA (2013)	188
Von der Leyen: Attraktivitätsoffensive (2014)	193
Kiewer Runde (2014)	197
Die Computerbranche entdeckt die Zeit (2014)	201
Freundliches Gesicht (2015)	206
Jamal (2015)	210
Merkel und Trump (2016)	212
Mein Lichtenberger (2019)	217

**6 Angies Dämmerung:
Vom Nicht-Regieren, Falsch-Regieren und von
der »Mutter aller Probleme« (2017–2019)** 223

Garderobengespräch 2017 223

Merkel und Lindner (2017) 226

Mit Nazis reden (2017) 227

Der Videobeweis (2017) 235

Merkel und Wowereit:
Wowi's wunderbare Welt (2018) 239

Komm in die Politik (2018) 244

Seehofer: 69 (2018) 248

Merkel und Kramp-Karrenbauer (2019) 250

Garderobengespräch 2039 251

Nachwort von Daniela Böhle 259

Vorwort

Seit 1997 gibt es uns: den kabarettistischen Jahresrückblick im Berliner Mehringhoftheater, das »Jahresendzeitprogramm«. Seit 1999 gestalten wir fünf Autoren dieses Buches den Abend, den wir anfangs nur wenige Male wiederholten und jetzt mehr als vierzig Mal pro Saison spielen. Von Beginn an wurde das Programm moderiert von Christoph als Angela Merkel, die in jenen Anfangstagen noch Bundesumweltministerin war und »Kohls Mädchen« genannt wurde. Ihr Weg zur ungewöhnlichen Kanzlerin hat den Erfolg unseres kabarettistischen Unternehmens ganz sicher beflügelt, und im Rückblick kann man vielleicht sagen: Wie gut, dass die Erwartungen eigentlich immer nur auf das nächste vor uns liegende Programm ausgerichtet waren und nicht weiter in die Zukunft, nicht weiter ins Programmatische überhaupt abglitten. Es gibt politische Beobachter, die genau das auch die versteckte Stärke Angela Merkels nennen: ihre pragmatische Offenheit, das Un-Ideologische, dies »Schauen wir mal, was da kommt – und reagieren erst dann«.

Ein Glücksfall ist es, von nachher gesehen, vielleicht auch gewesen, dass die Berliner Medien uns jahrelang freundlich in Ruhe und uns unsere eigene Entwicklung nehmen ließen, ohne gleich Noten zu verteilen, Ratschläge zu geben oder die Menschen in Massen zu uns zu schicken. Möglich, dass uns das dann und wann gewundert hat – jeder auswärtige

Komiker, der einen Rückblick aufs vergangene Jahr wagte, war im heimischen Radio und Fernsehen präsenter als wir. Aber das war gut! Es enthob uns der Pflicht, Nummern sendegerecht zu kürzen, eine Anspielungsdichte einzuhalten, die in den Redaktionen als »Niveau unserer Hörerinnen und Hörer« verwaltet wird, oder uns in gegenseitige Konkurrenz treiben zu lassen. Wir blieben uns selbst überlassen, uns und dem Publikum. Immer im Herbst trafen wir uns und besprachen, welche Themen wir uns vornehmen wollten, dabei stehen kleine Alltagsbeobachtungen gleichberechtigt neben großen Jahresereignissen. Ob und wie wir die Leute mit ihnen erreichen würden, das ist bis heute der Maßstab geblieben, der zählt.

Natürlich zählt auch die Freude, dass dieses Publikum wuchs. Mittlerweile treffen wir uns auch manchmal das Jahr über, um zu gucken, was die Ereignislage so hergibt. Sonst führt jeder von uns fünfen ein künstlerisch eigenes Leben, man begegnet sich da nicht selbstverständlich. Man besucht sich dann und wann auf den unterschiedlichen Bühnen – und bei jedem reift übers Jahr, was er in und mit dem Team zwischen Dezember und Ende Januar anstellen will. Der eine formuliert es lieber vorher explizit, ein anderer hält es zurück bis zur Probenwoche im rauen Nordbrandenburg.

Wir fünf sind sehr unterschiedlich, was manche Stammzuschauer als eine unserer Stärken ansehen: Wir halten es auf engstem Raum ganz gut miteinander aus, und erstaunlicherweise ist uns auch der Sprung auf die großen Bühnen gelungen, zunächst ins Theater am Kurfürstendamm, dann ins altehrwürdige Schillertheater. Und dort sitzen wir wie in der kleinen Mehringhofgarderobe trotz der riesigen Hinterbühne eher eng beieinander. Das ist keine Bescheidenheit. Eher eine Form von Gefallen an dem Spiel, das wir da entwickelt haben und treiben. Und wenn wir – den jährlichen Rückblick abschließend – im Kieler Metro-Kino und im Hamburger Politbüro gastieren, ist das längst eine jährliche Klassenfahrt voller schön schrulliger Rituale.

In der vorliegenden Sammlung blicken wir unter dem Aspekt »20 Jahre Berliner Republik« auf das zurück, was wir am Ende eines jeden Jahres auf die Bühne gebracht haben. Wir kamen beim Zusammenstellen aus dem Wundern darüber nicht heraus, wie viele der einzelnen Stücke und Songs retrospektiv betrachtet in einem größeren Epochenzusammenhang mit jenen »Merkeljahren« stehen. Wie sehr sie die historischen Entwicklungen dieser zwei Dekaden veranschaulichen, wie viel sich politisch und gesellschaftlich verändert hat. Und so war das Wieder-Lesen von Texten, die teilweise in Zeiten geschrieben wurden, als das Internet noch ein bestaunenswertes Phänomen darstellte, auch für uns eine Zeitreise, die uns von Abschiedsliedern auf D-Mark und AKW bis in die AKK-Gegenwart führt.

Das Jahresendzeitteam   Berlin, im August 2019

1 Prä-Historie und Vor-Geschichten:

Von Abschieden, Aufbrüchen, harten Männern und starker Währung (1999–2001)

Garderobengespräch 1999
Horst Evers, 2019

Ca. 30 Minuten vor der Premiere des Jahresrückblicks in der kleinen Garderobe des Mehringhoftheaters: Christoph sortiert Karteikarten, Hannes wuselt rum, Bov sitzt auf dem Sofa und starrt auf seine Texte, Horst sitzt im Gang und raucht, Manfred ist noch spazieren.

CHRISTOPH *(ruft in den Gang)* Horst! Kannst du denn jetzt schon sagen, was für Texte du gleich machst?

HORST *(hustet)* Ah, leider noch unklar. Kann ich das nicht spontan während der Vorstellung entscheiden? Wenn man mal so einen Eindruck hat, wie es insgesamt läuft?

CHRISTOPH   Na ja, für die Moderation wäre es schon gut, wenn ich zumindest einen ungefähren Eindruck hätte.

(Horst hustet.)

BOV   Meine Texte sind beide viel zu lang und dafür aber überhaupt nicht lustig. Eigentlich haben sie nur einen einzigen guten Gag. Also zusammen. Also jeder einen halben guten Gag. Und der ist aber auch noch alt.

CHRISTOPH   Hat jemand meinen Gans-Rest-Zettel gesehen?

HANNES   Ich habe die Stoltenberg-Hose vergessen.

BOV   Du machst noch mal den Stoltenberg?

HANNES   Ja. Dieses Jahr war das doch mit dem Ermittlungsausschuss wegen der U-Boot-Verträge. Da bietet sich der Stoltenberg ja schon noch mal an, oder? Findet ihr nicht?

CHRISTOPH   Der Stoltenberg ist doch erst im zweiten Teil. Kann Hicki die Hose nicht noch bringen?

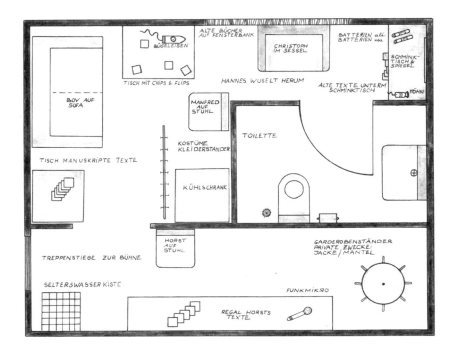

HORST *(brüllt in den Raum)*   Also gut. Ich mache im ersten Teil irgendwie so einen Text über viele kleine Ereignisse des Jahres und im zweiten dann eher einen persönlichen Rückblick.

HANNES   Gute Idee mit Hicki. Aber wer kann denn jetzt noch nach vorne zu Christian ins Büro gehen, um sie anzurufen?

CHRISTOPH   Für so was wäre so ein Handy dann ja doch schon auch mal ganz praktisch.

BOV   So eine Scheißerfindung. Diese ganzen Idioten, die jetzt plötzlich ganz wichtig sind und Handys haben müssen. Da hätte ich mal einen Text drüber schreiben sollen.

CHRISTOPH   Wäre auch ein schönes Thema für einen Song. Eventuell auf ›Let it be‹. Also ›Let it ring‹, wo dann einer absichtlich nie an sein Handy geht.

HORST *(brüllt in den Raum)*   Ich habe mich jetzt doch noch mal umentschieden und mache im zweiten Teil einen anderen Text.

CHRISTOPH   Okay, worum geht der?

HORST   Na ja, praktisch eigentlich schon um das Gleiche.

Manfred kommt rein.

MANFRED   Die Leute sind schon alle da. Christian hat sein Kontor schon geschlossen. Meinte, wir fangen vielleicht schon ein bisschen früher an.

ALLE   Oh Gott!

Alle fangen hektisch an, sich umzuziehen oder aufgeregt in ihrem Zeug zu kramen.

CHRISTOPH Ich habe meinen Gans-Rest-Zettel immer noch nicht gefunden.

HORST Hat zufällig einer gesehen, ob ich meine Zigarette ausgemacht hatte?

BOV Singen wir beim Beatles-Song eigentlich die ganze Zeit mit? Oder nur beim Refrain? Oder bei manchen Refrains ja und bei anderen nein?

CHRISTOPH Wir summen den ersten Refrain und die zweite Strophe. Dann Lala und ab drittem Refrain Gesang.

MANFRED Was denn für ein Beatles-Song?

HORST Könnten wir bitte einmal alles dunkel machen? Dann würde man ja wahrscheinlich sehen, ob noch irgendwo eine Zigarette glüht.

HANNES Manfred, kannst du eventuell noch mal zu Christian nach vorne und Hicki anrufen? Ich habe die Stoltenberg-Hose vergessen.

HORST   Du machst noch mal den Stoltenberg?

HANNES *(verunsichert)*   Ja, stimmt. Vielleicht kennt man den doch schon nicht mehr.

MANFRED   Doch, den kennt man schon. Außerdem war doch im Sommer der Abschlussbericht vom Ermittlungsausschuss mit der U-Boot-Affäre. Ich ruf Hicki gleich mal an. *(Holt ein Handy aus seiner Tasche.)* Wie ist denn die Nummer?

Alle starren auf das Telefon.

BOV   Du hast so ein Ding?

MANFRED   Klar. Ich finde die irgendwie spannend.

CHRISTOPH   Und wie ist das so? Wenn man das hat?

MANFRED   Ach. Eigentlich nichts, was die Welt oder das Leben verändert. Nur wenn man mal telefonieren muss. Dann ist es halt schon praktisch.

DIE ANDEREN VIER   Krass.

Auf Wiedersehen, D-Mark

Text: Bov Bjerg, Horst Evers, Manfred Maurenbrecher,
Gesang: Alle, 2001

>Wir kennen uns seit Jahren,
>der Weg zu dir war weit,
>wenn wir zusammen waren,
>wurd's eine gute Zeit.
>
>Mein erstes Mal im Kino,
>mein erstes Rendezvous,
>mein erster Rausch vom Vino,
>dabei warst immer du.
>
>Ich hab dir nie gesagt, dass ich dich eigentlich mag,
>sondern mich noch beklagt, und du bliebst immer
>   stark,
>doch deine Zeit läuft ab, was ich zu sagen hab,
>ruf ich dir jetzt noch nach – ins offne Grab:
>
>Auf Wiedersehen, D-Mark,
>bald schon kommt der Tag,
>wo du für immer gehn wirst,
>dann endet unsre Jagd.

Wir war'n zwei Königskinder,
fanden einander kaum,
dass auch du daran gelitten hast,
das glaub ich nur im Traum.

Auf Wiedersehen, D-Mark,
für viele warst du Kult,
dass ich oft Müll mit dir gekauft hab,
war an sich nicht deine Schuld.
Uns war die Zeit zu knapp, ich war noch viel zu schlapp,
und es hat kaum geklappt, wenn ich mir Mühe gab.
Jetzt bin ich anders drauf, komm in die Stimmung rauf,
dass ich dir entgegenlauf – jetzt ausgerechnet hörst du auf!
Dabei würd ich uns eine feste Beziehung wirklich mal gönnen ... doch zu spät!

Auf Wiedersehen, D-Mark,
bald schon kommt der Tag,
wo du für immer gehn wirst,
dann endet unsre Jagd.

Auf Wiedersehen, D-Mark, bald werden wir für immer scheiden, ohne je zu erfahren, wie es ist, wenn du und ich uns z. B. das gleiche Badezimmer teilen, Morgen für Morgen, Abend für Abend ... Da ist noch so viel, was ich dir gerne sagen würde, z. B.: Kannst du mir bis Anfang nächsten Monats was von dir leihen!?

Ich hätte nie gedacht, dass ich dich überleben würde. Wir hätten viel mehr Zeit miteinander verbringen müssen, ich war zu jung, du warst schon zu arriviert – und die Gesellschaft hat es uns auch nicht gerade leicht gemacht ...

> Auf Wiedersehen, D-Mark,
> noch eine schöne Zeit,
> und grüß mir deine Freunde,
> für sie ists auch so weit.
>
> Arrivederci, Lira,
> au revoir, le franc,
> adios, los pesetos,
> hey, Gulden, nu tot ziens.
> Kalinichta, drachmes,
> bye bye, the Irish pound,
> Servus, Prof. Schilling,
> escudos, bom dia.
>
> Auf Wiedersehen, D-Mark,
> bald schon kommt der Tag,
> wo du für immer gehn wirst,
> dann endet unsre Jagd.

… Und übrigens: Erzählt doch mal eurem Nachfolger Euro, was ich für'n fitter und netter Kerl bin, okay?

Gerhard Schröder: Nachdenken über 9/11 und die »Uneingeschränkte Solidarität«
Hannes Heesch, 2001

Ehm, Deutschland regieren in schwierigen Zeiten, ehm … ich mach das ja gern. Und mich freut das natürlich auch, denn ich hab ja nicht nur das Vertrauen der gesamten SPD, sondern jetzt auch vom Fischer-Chor, und ehm, nun lassen Sie uns mal regier'n, und das woll'n wir auch tun.

Eins is klar: Der 11. September, … das 'ne Zäsur … das klar. Das 'ne Zäsur, die äußert sich darin, ehm, es gibt 'ne Zeit vor dem 11. September und ehm, es gibt eine danach. Und ich kenn eigentlich niemanden, für den dieser Tag gut war, außer für'n Scharping. Der Rudolf is im letzten Sommer einfach 'n bisschen zu viel abgehoben. Und nach dem ganzen Planschi-Planschi hab'n ja doch schon einige Leute seinen Rücktritt gefordert. Übrigens auch aus der eigenen Partei. Aber da kann ich nur sagen, bei dem spiel'n zurzeit die Hormone verrückt. Ich kenn so was ja, auch wenn's mich nicht in meiner Politik beeinflusst. Aber weil das so ist, wollte ich ihm eigentlich meine uneingeschränkte Solidarität aussprechen, aber nun war das ja nach dem

11. September nicht mehr nötig. Und seitdem ist der Scharping ehm, auch wieder richtig gut gelaunt. Natürlich nicht wegen der Twin Towers, sondern, weil er so eben noch mal aus der Schusslinie der Medien rausgekommen ist. Gut, da war noch der ein oder andere Geheimnisverrat, den er sich geleistet hat, aber das hat er ja nich' absichtlich gemacht, ... nee, ich glaub nich'. Und ehm, nun hat der Scharping sich ja auch nichts mehr zuschulden kommen lassen, der hat sogar bei der Flugbereitschaft der Bundeswehr nachgefragt, ob die auch einsatzfähige Fahrräder haben. Andererseits mit 'nem Fahrrad kommt er ja nicht bis nach Mallorca. Gut, ehm hinter den Pyrenäen an der Costa Brava könnte er vielleicht auf'n Tretboot umsteigen. Und das ist dann ja auch wieder 'n bisschen wie Fahrrad fahren.

'ne Zäsur ist der 11. September natürlich auch für die Amerikaner, das klar. Ehm, mein Freund ehm, George Bush, ich hab dann statt dem Scharping gleich ihm meine uneingeschränkte Solidarität ausgesprochen, und ich glaub, das hat ihm auch gutgetan. Und auch seinem Außenminister. Der Colin Powell, das ist übrigens 'n Farbiger, und das als Republikaner, das ist ehm, bemerkenswert. Und Condoleezza Rice, die Nationale Sicherheitsberaterin, und das war'n ja immerhin auch mal Kissinger und Brzezinski, die ist auch 'ne Schwarze, und das ist noch bemerkenswerter ... Obwohl, auch in Deutschland, in Berlin, der neue Regierende Bürgermeister Wowereit, ... also, ehm ... das nun wirklich bemerkenswert. Und so was, das ist ja auch ein Stück weit New York.

Übrigens, Doris hat ja mal 'ne Zeit lang in Manhattan gelebt, als Journalistin, also, das war dann schon nach ihrem Volontariat bei der *Augsburger Allgemeinen.* Und sie hat mir vor zwei Jahren mal so alles gezeigt, also auch die Ecken, die nun nicht gleich jeder so kennt, wie zum Beispiel den Central Park. Und ehm, der Broadway, das ist ja übrigens kein Theater, sondern 'ne Straße, und ehm, das hab auch ich zur Kenntnis zu nehmen gehabt. Und da hab auch ich das erste Mal gemerkt, das stimmt, was Sinatra da gesungen hat, ehm, New York, das 'ne »City that never sleeps«.

Und schaun Sie, ehm, ich war jetzt nach dem Anschlag vom 11. September wieder da, und da hab ich Rudolph Giuliani deutlich zu machen versucht gehabt ... also, ich hab gesacht: Rudy, ehm, imagine, was da noch alles passieren kann. Also, das ist ja, ehm ... possible, that ehm ... first they take Manhattan, that's clear. And then they take ehm, perhaps Berlin, also möglicherweise. Ehm eigentlich is das ja 'ne Songzeile, und obwohl sich das noch nich' mal reimt, ehm, hat der Liedermacher sich ja vielleicht auch was dabei gedacht. Und ehm, wenn so 'n Anschlag nun bei uns passiert, dann ist jetzt zu diesem Zeitpunkt natürlich nich' klar, ... auf welches Gebäude, aber ehm, das muss man dann mal sehn.

Und ehm, weil das so ist, hab ich George Bush glasklar deutlich gemacht, und da bin ich auch stolz drauf auf mich, ehm, dass das 'ne neue Zeit ist, und Deutschland zeigt jetzt auch ma' Entschlossenheit ... also erst mal 'n Mentalitätswechsel, und ehm, dann können wir auch militärischen Beistand leisten, und zwar, ehm ... das muss ich dazu sagen ... auf der Seite der Amerikaner, ehm, das klar. Und nun hat mir Scharping gesacht, die Bundeswehr ist für so was wie Einsätze in Afghanistan nicht ausgerüstet, die kann das nicht. Und ehm, da habe ich gesagt, die kann das aber doch, und Scharping hat gesacht: »Eb'n nicht.« Und dann hab ich gesagt: »Doch!« Und da hat er gesacht: »Nö!« Und dann hab ich gesagt: »Komm, jetzt halt ma' die Klappe! Jetzt schicken wir mal 'n paar Tausend Soldaten da runter, und ehm, dann lassen wir uns ma' überraschen. Basta.«

Der Lichtenberger: Gysi ist busy
Manfred Maurenbrecher, 2001

Da gibt's jetzt also doch einen PDS / SPD-Senat in Berlin. Na, der Gysi muss eben immer überall mitmischen, das war vor '89 auch nicht anders.

Die Partei ist dann ab jetzt allerdings nicht mehr so richtig meine Partei, habe ich meiner Enkelin erklärt. Sitz ich halt noch mehr mit meinen Kumpanen zusammen, und wir lästern. »Kennste das neue amerikanische Siegeszeichen?« Also ich musste schon lachen darüber, und zwar ziemlich herzhaft ... Der Karl-Eduard von Schnitzler, der hätte auch darüber gelacht, der hatte seinen ganz eigenen Humor. Aber wenn ich von dem erzähle, sagt meine Enkelin gern schon mal: »Du lebst doch sehr in der Vergangenheit, Opa«, und ich antworte: »Ich lebe objektiv so sehr draußen in der Zukunft, dass es in diesem ewig gestrigen System, an das wir angekoppelt worden sind, zwangsläufig wie die Vergangenheit aussehen muss. Das ist die Dialektik. Dagegen kann man gar nichts machen. Zum Beispiel, wenn irgendwelche Amis jetzt subjektiv ganz ehrlich betroffen sind und erschrocken, was da eigentlich passiert ist mit ihren Welthandelstürmen – das kann ich verstehen. Aber sie begreifen nicht, dass es doch eigentlich in ihrem objektiven Interesse geschehen ist. Und deshalb denk ich manchmal schon: Vielleicht waren sie's ja sogar selbst, die Amis.«

Jedenfalls: Es geschieht ihnen recht. Und mit mir ist auch keiner solidarisch, hier in Lichtenberg, Ecke Siegfriedstraße. Den Autolärm? Hör ich schon gar nicht mehr. Aber dieses Knattern! Das Knattern der Blindenampel. Kann einen wahnsinnig machen! Die knattert immer, auch wenn überhaupt kein Blinder zu sehen ist. Erst die ganzen Straßenumbenennungen, die wir hier hatten, und dann ha'm sie dieses Ding installiert, als wenn sie sagen wollten: Hier, wo die Stasi-Zentrale nur einen Steinwurf weit weg war, hier sind jetzt mal alle blind. Und damit ihr das nie vergesst, soll's hier knattern. Na, danke schön. Mit uns könn'ses ja machen!

Ich hab das dem Kandidaten der Partei vor der Wahl gesagt, auch im Namen aller Nachbarn: Genosse, da müsst ihr was tun! Da muss zur Not der Gysi auch selber mal ran! Wissen Sie, was der mir geantwortet hat? Der schaut mich an, guckt rüber zu der Blindenampel, schaut wieder mich an und sagt dann: »Busy. Gysi ist busy.« Ich glaub, ich spinne. »Gysi ist busy.« Ist doch zum Davonrennen. Typisch, dass die mit so was ihre Wahlen gewinnen.

Der war auch gar nicht von hier, garantiert. Das war glatt ein Westimport, dieses Jüngelchen. Der ist ja schon zusammengezuckt, als ich den Genosse genannt hab. Ich frag den: »Was sagst du zum 11. September«, und der windet sich und flüstert was von einem friedlichen Polizeieingreiftrüppchen gegen den weltweiten Terrorismus. Und ich bleib ganz ruhig und sag dem: »Junge, der 11. September ist für mich immer noch der Tag, an dem die CIA den Präsidenten Allende und den Sozialismus weggeputscht hat, '73 in Chile.«

Damit kann der nun überhaupt nichts anfangen. Starrt mich an mit dem gleichen ›Ich-glaub-mein-Handy-pfeift‹-Blick, den ich von meiner Enkelin kenne. Die füttere ich übrigens mit durch, weil der Jugend heutzutage keine Ziele mehr geboten werden. Jetzt starrt mich dieser Parteikandidat der PDS so an, als wenn ich die Anschläge in Amerika selber gemacht hätte. Und ich bin wirklich kein Freund des Terrorismus, obwohl ich selbst Militär war. Mir leuchtet sogar ein, dass, wenn die Grünen neuerdings den Krieg als ein Mittel in der Politik für sich entdecken, dass wir dann 'ne Weile ruhig mal auf Pazifismus machen können, wir Sozialisten, aus taktischen Gründen – aber selber dran glauben an diesen Schmus muss ich doch deshalb noch lange nicht. Wozu ist dieses Jüngelchen eigentlich da, frag ich mich, als ich den da rumstehen sehe mit seinen Flugblättern und seiner Betroffenheit, die ihn von keinem anderen, der Sympathien für sich einheimsen will, unterscheidet.

»Sogar nachts knattert es«, schrei ich dem ins Gesicht, »sogar nachts, und da sind doch überhaupt keine Blinden unterwegs. Hier jedenfalls nicht!«

Busy. Gysi ist busy. Ist doch zum Davonrennen. Typisch, dass sie mit so was ihre Wahlen gewinnen.

Aber ich vermute, das ist dann auch ihr Untergang. Meine Enkelin zum Beispiel, die hofft doch jetzt, die würden ›die Großen‹ zurechtstutzen, wie sie sich ausdrückt, der neue Senat mit der PDS da drin würde bei der Oper und der Landesbank kürzen, statt bei den Kitas und beim Seniorenschwimmen.

»Von wegen«, lache ich ihr ins Gesicht, »die ha'm ihre Sachzwänge, die wer'n sich gar nicht groß anders verhalten als alle ... wart's ab!«

Da fragt sie ganz frech: »Und deine Blindenampel? Wartest du nicht darauf, dass die Partei deiner Wahl die jetzt endlich mal abstellt, wo sie doch die Macht dazu hätte?«

»Nein«, sage ich und erteile ihr eine Lektion in revolutionärer Gelassenheit, »ich erwarte gar nichts. Wer in dieses System reingewählt wird, ist längst ein Teil davon. Die Blindenampel erinnert dann einen wie mich daran, dass er hier niemals ankommen will. Und dafür ertrag ich sie gern.«

Einen Moment ist es still. Ihr Kopf glüht vom Denken. Dann sagt sie: »Subjektiv vielleicht. Subjektiv wirst du vielleicht hier nie mehr ankommen. Aber in Wirklichkeit, du mit deinem Abonnement bei der Stiftung Warentest, mit deinen Berechnungen zur Riester-Rente, mit deinen Schnäppchenfahrten nach Polen und deiner Ernst-Busch-Liedersammlung auf selbst gebrannten CDs, aus dem Internet rausgeholt ... Also wirklich, Opa, in Wirklichkeit und in deinem objektiven Interesse ...« Und ich könnte sie knutschen! Inhaltlich natürlich völliger Blödsinn, was sie da vor sich hin redet, aber vom Denken dahinter: Die gute alte geschulte materialistische Dialektik! Ob so was vererbt wird? Das hat sie von mir. Da ist etwas, das mich überleben wird. Und mir wird leicht zumute und frei, und ich tanze durch die Wohnung. Ich fühl mich busy. Busy wie Gysi. Ich glaub, ich schwebe! Ich fange sogar an, an so was wie eine Weltinnenpolitik zu glauben ...

Sie sagt: »Pass bloß auf, dass du nicht mal so landest wie dieser peinliche dicke Rezzo Schlauch von den Grünen!«

Und ich sage: »Zu meiner Zeit sind die Mädels mit achtzehn von zu Hause ausgezogen!«

Otto Schily: Verbot einer besonders aggressiven extremistischen Vereinigung
Hannes Heesch, 2001

Meine Damen und Herren, ich schicke meiner nun folgenden hochinteressanten Pressekonferenz voraus, dass meine politische Grundrichtung, die ich vorgebe, nicht nur unfehlbar und umfassend, sondern in ihrer inhaltlichen und rhetorischen Brillanz und Tiefenschärfe sowie ihrer bestechenden Argumentation von umwerfendem Charme ist.

Zur Sache: Nachdem der Opposition die Antiterrorgesetze im Rahmen des Sicherheitspakets Nummer I wohl irgendwie zu lasch waren, habe ich mit dem II. Paket zur Bekämpfung des internationalen Terrorismus sämtliche Richtlinien zur inneren Sicherheit so weit verschärft, dass selbst dem braven Beckstein gesichtsgeometrisch das Hören und Sehen vergehen dürfte. Heute habe ich – betreffend der Streichung des Religionsprivilegs im Vereinsgesetz eine besonders aggressive religiös extremistische Vereinigung mit insgesamt 85 500 Mitgliedern ... verboten. Diese expansivideologische Organisation mit totalitärem Charakter imitiert staatliche Verhältnisse und bezeichnet sich selbst als FC Bayern München.

Beim inneren Netzwerk des Vereins handelt es sich um eine aggressiv-kämpferische rot uniformierte Eliteeinheit heiliger Krieger, die ihren selbst gewählten Präsidenten als sogenannten Kaiser und Stellvertreter Gottes auf Erden ... anbeten. Dieser sogenannte Kaiser lebt ebenso wie sein Gebetsemir Omar Hitzfeld in strenger Polygamie. Er behauptet von sich selbst, dass die strategische Grundrichtung, die er vorgebe, nicht nur unfehlbar und umfassend, sondern in ihrer inhaltlichen wie rhetorischen Brillanz und Tiefenschärfe sowie ihrer bestechenden und einleuchtenden Argumentation von umwerfendem Charme sei ... Hier stimmt was nicht, da ist mir eine Seite dazwischen gerutscht ... das war doch der Eingang meiner Pressekonferenz ... Meine Damen und Herren, dieser Satz verschleiert den wahren Charakter eines monotonen Endlospredigers, ermüdenden Schläfers und ätzend-übellaunigen Besserwissers.

Seine Strategie sei, so seine eigenen Worte, nicht nur mittel- und langfristig, sondern auch auf kurze Distanz unschlagbar. Sein paramilitärisches Netzwerk verfügt über eigene Ausbildungslager, fein ausgefeilte Schusstechnik, totale Flexibilität beim Aufbau eigener Angriffe und sekundenschneller Systemumstellung von 3-4-3 auf 4-3-3 oder 4-4-2 ... Möglicherweise aber auch 2-4-4, 4-2-4 oder 3-3-4 ... Vielleicht aber auch 1-4-5 oder 3-2-5 oder 5-2-3 oder 1-1-0 ... eine für den Verfassungsschutz nicht leicht zu durchschauende Taktik.

Der Verein hält einen Versammlungsort für ideologische Veranstaltungen mit Massencharakter, bei denen in regelmäßig wiederkehrenden geradezu orgiastischen Festen lautstarke liturgische Wechselgesänge mit der Fangemeinde in schwer verständlichen Dialekten angestimmt und Reliquien wie silberne Salatschüsseln ... geküsst werden.

Es gilt als gesichert, dass der sogenannte Kaiser und seine Kerntruppe sich in einem nicht näher bekannten Rückzugsgebiet in den Bergen verschanzt hält. Für freiwillige Aussteiger wie Effenberg bietet die Bundesregierung eine großzügige Kronzeugenregelung an.

Noch Fragen? Ist nicht der Fall. Am Ausgang liegt für Sie bereit ein kleines Give-away zum Jahreswechsel in Form eines Sicherheitspäckchens mit ABC-Schutzpflaster, Wunderkerzen und einem lustigen bunten Papphütchen mit dem Logo: »Otto – find ich gut!«

2 Angies Aufstieg:

Von Rot-Grünen Experimenten, neuen Kriegen und Merz-Gefallenen (2002–2004)

Garderobengespräch 2002
Horst Evers, 2019

Ca. 30 Minuten vor der Premiere des Jahresrückblicks in der kleinen Garderobe des Mehringhoftheaters: Christoph sortiert Karteikarten, Hannes wuselt rum, Bov sitzt auf dem Sofa und starrt auf seine Texte, Horst sitzt im Gang und raucht, Manfred steht im hinteren Treppenhaus und brüllt unverständliches Zeug.

BOV   Ich glaube, dieses Jahr wird das Programm mal nicht so gut.

CHRISTOPH *(ruft in den Gang)* Horst! Kannst du denn jetzt schon sagen, was ich vor deinen Texten moderationsmäßig sagen soll?

HORST *(hustet)* Na ja, im ersten Text schiebe ich mit dem Kinderwagen durch die Stadt. Da geht es eher um so kleinere Jahresthemen, und der zweite Text ist quasi ein persönlicher Jahresrückblick. Da bin ich mit dem Kind auf dem Spielplatz.

HANNES Hat jemand meinen Bayernfahnen-Anstecker von der Stoiberjacke gesehen?

BOV Seit wann bist du eigentlich schon im Mehringhoftheater?

HORST 15 Uhr oder so.

BOV Täuscht das oder bist du seit der Geburt des Kindes immer ungewöhnlich früh bei allen außerhäusigen Terminen?

HORST Der Außengang dieser Garderobe ist der letzte Ort auf der Welt, wo es niemanden stört, wenn ich rauche.

CHRISTOPH Dass das niemanden stört, würde ich so gar nicht sagen.

HANNES *(nach dem Bayernfahnen-Anstecker suchend)* Meint ihr, dass in vier Jahren jetzt Merkel Kanzlerkandidatin wird?

BOV   Wer weiß schon, was in vier Jahren ist.

HANNES   Letztes Jahr dachte man noch, die CDU könnte auch einen Besenstiel aufstellen und würde die Wahl gewinnen.

BOV   Aber dann hat sich kein geeigneter Besenstiel gefunden und sie mussten Stoiber nehmen.

HANNES   Stimmt. Aber selbst Stoiber hätte wohl ohne Hochwasser und drohendem Irakkrieg die Wahl gewonnen. Doch jetzt hat die CDU wohl nur noch Merkel.

CHRISTOPH   Die Leute fragen mich ständig, was wir eigentlich machen, wenn Merkel tatsächlich mal Kanzlerin wird. Als wenn die nicht auch als Kanzlerin den Jahresrückblick moderieren könnte.

HORST   Warum schreit Manfred eigentlich die ganze Zeit im Treppenhaus herum?

BOV   Der telefoniert. Über Voice over IP. Er meint, er hätte in seinem Vertrag jetzt jeden Monat 500 Freiminuten Voice over IP, und er kann es nur schwer ertragen, wenn er die nicht abtelefoniert.

HANNES *(mittlerweile auf dem Boden kriechend und suchend)*   Das funktioniert echt? Also dieses Voice over IP?

BOV   Es funktioniert im Prinzip. Also, Manfred meint, oberhalb des 2. Stocks, ziemlich genau zwischen der fünften und sechsten Stufe des hinteren Treppenhauses gäbe es einen Bereich, wo man einen relativ guten Empfang hat, wenn man laut genug spricht.

MANFRED *(kommt rein)*   Ah, ich fürchte, ich hab mir was eingefangen, ich werde irgendwie heiser.

HORST   Mit wem hast du denn die ganze Zeit telefoniert?

MANFRED   Ich dachte, Kristjane, aber bei Mitte des Gesprächs hat sich irgendwie herausgestellt, dass ich doch mit jemand anderem verbunden war.

CHRISTOPH   Und worüber hast du mit dem gesprochen?

MANFRED   Ach, eigentlich ging es nur darum, wie gut oder schlecht unsere Verbindung war.

HANNES   Da ist er ja!

BOV   Hast Du den Bayernfahnen-Anstecker gefunden?

HANNES   Das nicht. Aber den Gans-Rest-Zettel von Christoph, den er vor drei Jahren gesucht hat. Der steckt hier unten hinter dem Schminktisch.

BOV   Super! Dann guck doch auch mal, ob da vielleicht noch eine alte Schlusspointe liegt.

Angela Merkel: Nachwahlzeit
Christoph Jungmann 2002, Gesang: Christoph Jungmann,
Vorlage: Mensch / Herbert Grönemeyer

>   Momentan ist richtig,
>   jeder sagt, was er will.
>   Vergessen ist der Friedrich,
>   nach dem Merz da kommt April.
>   Neunzig Minuten
>   warn wir an der Macht,
>   Diagramme fielen
>   und um Mitternacht dann ausgelacht.

Doch es ist okay,
alles auf den Tisch,
es ist Nachwahlzeit,
die Karten neu gemischt.
Doch der Chef bleibt Chef,
und das bin nun mal ich,
weil ich zäh und strebsam bin,
weil ich will noch wo hin.
Weil die Wahl
nächstes Mal
kommt bestimmt.

Bescheidenheit ade,
lange genug geniert.
Hände die sich reiben,
wie Schröder die Kontrolle verliert.
Rot-Grün in Trümmern,
ich bin bereit,
und ich werd mich kümmern,
schon bald ist es so weit.

Und es ist, es ist okay,
alles auf den Tisch,
es ist Nachwahlzeit,
die Karten neu gemischt.
Doch der Chef bleibt Chef,

und das bin ich und nicht Friedrich,
weil ich zäh und strebsam bin,
weil ich will noch wo hin.
Weil die Wahl nächstes Mal
kommt bestimmt.

Drum werd ich Kanzlerin!
Und das ist kein Scherz,
niemand mehr aus Bayern stört und auch
kein Koch, kein Wulff, kein Merz.
Ob schwarz-rot, schwarz-gelb, schwarz-grün,
ich werd die erste Frau
am Schalthebel der Macht!
Das ist super-schau!
weil die Wahl
nächstes Mal
kommt bestimmt!

Angela Merkel und Edmund Stoiber

Christoph Jungmann / Hannes Heesch, 2002

MERKEL

Wir schreiben das Jahr 2002, im TV kann man Scripted-Reality-Formaten kaum noch entgehen. Stellen Sie sich nun einfach mal vor, es wäre 15.00 Uhr wochentags in deutschen Wohnzimmern.

Vorspann / Titelmelodie und Ansage aus dem Off

KNIFFLIGE FÄLLE. AUFGEROLLT VON RICHTERIN ANGELA MERKEL

RICHTERIN ANGELA MERKEL   Schönen guten Tag, meine Damen und Herren. Wir beschäftigen uns hier nur mit einem einzigen Thema: Warum hat die CDU / CSU die Bundestagswahl 2002 verloren? Angeklagt sind die Parteivorsitzende der CDU und der Kanzlerkandidat der CDU / CSU. Ich rufe als Erstes in den Zeugenstand Frau Dr. Angela Merkel. Frau Dr. Merkel, wir müssten zunächst Ihre Personalien aufnehmen. Geboren am …

FRAU DR. MERKEL *(ganz leise)*   Am 17.7.1954 in Hamburg.

RICHTERIN ANGELA MERKEL   Beruf?

FRAU DR. MERKEL   Gelernte Physikerin.

RICHTERIN ANGELA MERKEL   Donnerwetter, da schau her.

FRAU DR. MERKEL   Ich habe meine Dissertation über die Teilchenbeschleunigung bei einfachen Kohlenwasserstoffen geschrieben.

RICHTERIN ANGELA MERKEL   Na, das war sicher nicht einfach.

FRAU DR. MERKEL   Nein, da haben Sie recht.

RICHTERIN ANGELA MERKEL   Momentane Tätigkeit?

FRAU DR. MERKEL   Politikerin.

RICHTERIN ANGELA MERKEL   Also, zur Sache, Frau Dr. Merkel, wir wollen hier herausfinden, wer verantwortlich ist für die Wahlniederlage der CDU.

FRAU DR. MERKEL   Da müssen Sie andere fragen. Ich jedenfalls nicht.

RICHTERIN ANGELA MERKEL   Sie nicht? Na, dann sind Sie entlastet. Ich rufe als Nächstes in den Zeugenstand den Angeklagten Herrn Dr. Stoiber.

STOIBER   Grüß Gott, Frau Vorsitzende. Der Freistaat …

RICHTERIN ANGELA MERKEL   Herr Dr. Stoiber. Sie sind geboren am …

STOIBER   Am 28. September 1941 in Oberaudorf.

RICHTERIN ANGELA MERKEL   Aha. Beruf?

STOIBER   Frau Dr. Merkel, ich komme aus ganz kleinen Verhältnissen. Als ich ein kleiner Bub war, hatte ich zwei Stunden Schulweg zur Ludwig-Thoma-Volksschule in Niederwülfenbach.

RICHTERIN ANGELA MERKEL   Herr Stoiber, ich fragte, was Sie von Beruf sind.

STOIBER   Mein Vater war ein ganz einfacher Angestellter, der strebsam …

RICHTERIN ANGELA MERKEL   Momentane Tätigkeit?

STOIBER   Frau Dr. Merkel … Ich bin der amtierende Ministerpräsident des Freistaates Bayern äääh und die SPD ist es nicht. Das ist ja gerade …

RICHTERIN ANGELA MERKEL   Herr Stoiber, Sie sind angeklagt, hauptverantwortlich zu sein für die Wahlniederlage der Union bei der Bundestagswahl des Jahres 2002.

STOIBER   Frau Christiansen äääh, Frau Merkel, nehmen Sie den Landkreis Freising, dort hat die CSU 63,3 Prozent der abgegebenen Zweitstimmen erhalten, ein großartiges Ergebnis für die Ce-Es-Uu. Die Vollbeschäftigung im Landkreis Freising liegt bei sage und schreibe 100,2 Prozent, weil die Enkel vom Ochsensepp im elterlichen Betrieb mitarbeiten.

RICHTERIN ANGELA MERKEL   Herr Dr. Stoiber, worauf führen Sie es dann aber zurück, dass letztendlich ein Regierungswechsel nicht stattgefunden hat.

STOIBER   Frau Dr. Merkel, die katastrophale Entwicklung auf dem Arbeitsmarkt. 4,2 Millionen Arbeitslose, das ist die höchste Zahl seit äh, sicherlich äh, seit Langem.

RICHTERIN ANGELA MERKEL   Herr Stoiber, Sie haben nicht auf meine Frage geantwortet.

STOIBER   Aber Frau äääh Merkel, wir sind Schlusslicht in Europa.

RICHTERIN ANGELA MERKEL   Herr Ministerpräsident, darum geht's doch nicht.

STOIBER   Wenn ein Mensch keine Arbeit hat, dann hat er nichts zu tun.

RICHTERIN ANGELA MERKEL   Herr Stoiber, ich bitte Sie dringend, sich zum Thema zu äußern.

STOIBER   Und wenn er nichts zu tun hat, dann äh, dann hat er … keine Arbeit.

RICHTERIN ANGELA MERKEL   Ja, ich stimme Ihnen ja zu, aber hier geht es doch darum, herauszufinden, warum es trotz dieser katastrophalen Situation Ihnen nicht gelungen ist, Schröder abzulösen.

STOIBER   Frau Illner, Bayern ist ein großartiges Land. Mit großartigen Menschen. Mit herrlichen Wäldern und glasklaren Seen, mit lieblichen Auen und sanften Tälern, mit glücklichen Tieren und ääääääh … schönen Frauen.

RICHTERIN ANGELA MERKEL   Also, ich verliere jetzt bald die Geduld.

STOIBER   In meiner Amtszeit als bayerischer Ministerpräsident sind im Freistaat Bayern 133 487 bayerische Arbeitsplätze geschaffen worden …

RICHTERIN ANGELA MERKEL   Der hört mir ja überhaupt nicht zu!

STOIBER   Da ist Baden-Württemberg noch gar nicht mit reingerechnet.

RICHTERIN ANGELA MERKEL   Na gut, Sie wollen hier gar nicht zur Aufklärung beitragen.

STOIBER   Frau Dr. Merkel, dass der FC Bayern die Herbstmeisterschaft errungen hat, ist ein großartiger Erfolg für die CSU.

RICHTERIN ANGELA MERKEL   Herr Stoiber, das hat Konsequenzen.

STOIBER   Die Passionsspiele von Oberammergau haben mit 1438 Statisten nicht nur die meisten, sondern die besten der Welt. Von denen fahren mehr als drei Viertel BMW, nur etwa 4,7 Prozent VW!

RICHTERIN ANGELA MERKEL   Ruhe!

STOIBER   Frau Dr. Stoiber, die Zugspitze ist mit 2962 Metern der großartigste Berg Deutschlands.

RICHTERIN ANGELA MERKEL   Die Verhandlung ist vertagt!

No Americans in Bagdad
Horst Evers, 2003

Die heiße Phase des Irakkrieges im Frühjahr war ja dann doch eher kurz. Man hatte eigentlich schon gedacht, nach all den Ankündigungen, wie ungeheuer stark und bedrohlich Saddam Hussein und seine hoch entwickelten Waffen wären, das könnte sehr viel schwieriger werden. Doch dann ging es im Rahmen der Militäroperation der »Koalition der Willigen« alles in allem erheblich schneller, als viele befürchtet hatten. Ratzfatz nahezu. Aber in der heißen Kriegsphase damals hatte man ja kaum etwas wirklich erfahren können. Man musste sich ganz auf die Informationen verlassen, die von beiden Seiten, also speziell von den militärischen Führungen, in den Pressekonferenzen herausgegeben wurden. Und da hatte man ja schon so das Gefühl: Na ja, die einen sagen so, die anderen so.

Tatsächlich war es so, dass diese Pressekonferenzen der Iraker und die der Amerikaner schon erstaunlich unterschiedlich waren. Nicht nur inhaltlich, sondern auch in der Art und Weise. Während die Amerikaner durchaus leicht verschwiemelt eingeräumt haben, dass nicht alle Iraker ihnen jubelnd zugelaufen seien, war der irakische Informationsminister doch sehr viel klarer in seinen Aussagen. Ich bin da irgendwann im Laufe des Krieges zufällig mal reingeraten. In die Pressekonferenzen des Muhammad Said as-Sahhaf. Und habe in der Folge keine mehr verpasst! Mir hat das sehr gefallen. Daher habe ich meine liebsten Zitate aus diesen Pressekonferenzen hier noch mal herausgesucht, um sich kurz daran erinnern zu dürfen. Sie sind eigentlich in Englisch, und ich habe sie zum Teil übersetzt, aber zum Teil auch nicht. Eröffnet hat er beispielsweise immer gerne mit:

»There are no Americans in Bagdad! Absolutely no Americans! Glauben Sie nicht die freche Lüge der Christen-Generale! There are no Americans in Bagdad! Und es werden niemals welche dort sein!«

Noch bis ganz kurz vor dem Fall der Saddam-Hussein-Statue verkündete Muhammad Said as-Sahhaf der staunenden Weltöffentlichkeit diese und andere kaum bekannte Fakten: »Die amerikanischen Soldaten sind viele Hunderte Kilometer entfernt von Bagdad. The deserts are burning the skin red. They all stand still. All the engines are broken down. And the sun burns! They throw away there weapons and kill themselve!«

Muhammad Said as-Sahhaf, bald besser bekannt unter

dem Namen Bagdad-Bob oder Comic-Ali wusste Dinge, die sonst keiner wusste. Und er hatte Mut: »When if they come to Bagdad: Why not! They are welcome. Wir werden die christlichen Bastarde erwarten und sie davonjagen wie die unwürdigen Söhne einer heulenden Hündin!«

Immer mehr malte er eine eigene Realität. Immer spektakulärer wurden seine Interpretationen des Kriegsverlaufs: »There is no real bombing in Bagdad! Die Amerikaner haben keine echten Bomben mehr. In ihrer Verzweiflung werfen sie nur noch Geräuschkisten, die wie echte Bomben klingen! Soundboxes!«

Natürlich nahm ihn bald keiner mehr ernst. Er galt als Spinner. Aber war es wirklich so verrückt, was er da tat? Was ist so unsinnig daran, sich in Anbetracht einer offenkundig unabwendbaren Niederlage eine alternative Sicht der Dinge zu bauen? Eine eigene Welt, in der einen kein noch so überlegener Gegner mehr erreichen kann? Lässt sich aus der Strategie des Muhammad Said as-Sahhaf nicht auch durchaus etwas für unser eigenes Leben lernen? Mir zumindest waren seine Argumentationslinien im letztjährigen Supersommer durchaus eine Hilfe. Nicht selten taperte ich damals schwitzend durch die Wohnung, gab vor der staunenden Möbel- und Lebensmittelöffentlichkeit meiner Küche selbstbewusste und mutmachende Presseerklärungen ab:

»Guten Tag, liebe Möbel! Glaubt kein Wort von den Lügen, die euch andere erzählen! Ich versichere euch, da sind keine Rechnungen im Briefkasten! Absolut keine Rechnungen! Das ist die Wahrheit! Die sogenannten, eingebildeten, unbezahlten Rechnungen, diese Hirngespenster der aggressiven, von fehlgeleitetem Fanatismus befallenen Telekom, Gasag und Bewag werden den auserwählten Briefkasten unserer Wohnung nie erreichen! Der Postweg funktioniert nicht! Die unbarmherzig glühende göttliche Sonne Berlins wird die Tinte auf den ungläubigen, räudigen Rechnungen austrocknen wie eine Apfelsine in Mikrowelle! Diese Rechnungen verlieren den Verstand und pfänden sich selbst! Und wenn diese Ausgeburten der perversen Fantasien sogenannter Rechnungsstellen doch den auserwählten Briefkasten erreichen werden, oh, sie sollen nur kommen. Ich werde sie gebührend empfangen! Und dann, dann werde ich sie ignorieren! Ich werde sie so dermaßen mit meinem ehrhaften Ignorieren bestrafen, dass sie gewünscht hätten, niemals gestellt worden zu sein!«

Danach ging es mir besser. Meine Möbel und Lebensmittel allerdings waren ein wenig irritiert. Und erst recht einige meiner Nachbarn. Andere jedoch riefen mir direkt nach meinen Ausbrüchen durch den Innenhof zu, ich solle doch vielleicht auch noch was über BVG, Finanzamt und zu irgendwelchen Klempnerfirmen sagen. Oder fingen gleich selbst an für ein paar Minuten Muhammad Said as-Sahhaf zu sein. So entstand eine recht innige Hofkommunikation. An manchem Nachmittag dröhnte es aus irgendeinem

Fenster: »Ich werde diese Steuererklärung zerquetschen! Zerquetschen wie die ungläubigen Sprösslinge einer verstoßenen Wolfshure! Sie wollen diese Steuererklärung? Na und! Ich bin bereit für diese Steuererklärung! Sie werden Ihre Steuererklärung bekommen! Es wird sein eine Steuererklärung, wie sie die Welt noch nicht gesehen hat! Wie sie mutiger, brutaler und endgültiger noch nie da war! Es wird sein die Mutter aller Steuererklärungen!«

Und noch in den abebbenden Applaus aus den anderen Fenstern erhob sich die Stimme des Nächsten: »Und was will dieser Dieter Bohlen! Glaubt er, es ist seine Aufgabe, die ganze Welt zu beherrschen und zu beschwafeln mit seiner Stimme von verschluckten Dosenöffner mit Rost? Dieser verstoßene Nachkomme einer kreischenden Erdmännchenbrut? Denkt er, er ist der Auserwählte? Er ist es nicht! Müsste er bei irgendeiner verfluchten Castingshow vorsingen, man würde ihn davonjagen wie quietschende Meerschweinchenhure aus Bibliothek! Möge er seinen Makromarkt-Scheiß selber kaufen und man ihn in Müllermilch ersäufen! Und vielleicht noch ein Wort zu den ehemaligen Vorständen der Berliner Landesbank! Es heißt, die irdischen Gerichte werden sie nicht verurteilen können. Es wird hier keine Reue geben. Na und! Irgendwann wird der Tag des Gerichts kommen. Sollen sie an ihren Abfindungen und Ruhegeldern ersticken und in einer Hölle schmoren, wo sie für jeden einzelnen Cent, den sie und ihre sündhaften Freveltaten Berlin kosten und gekostet haben, je einmal einen Telekom-DSL-Anschluss beantragen, abschließen, initialisieren und selbst anschließen müssen!«

Muhammad Said as-Sahhaf übrigens wurde bei Kriegsende nicht mal verhaftet. Die Amerikaner hielten ihn für unwichtig. Er, so hieß es, wisse nun wirklich gar nichts.

Gerhard Schröder: Rot-Grün auf Fahrradtour
Hannes Heesch, 2003

Eins ist klar, 'ne solide Regierungspolitik, ich sach ja nicht, dass das dies Jahr überragend war, aber 'ne solide Regierungspolitik, das braucht auch, ich nenn das Bürgernähe, andere sagen Körperwärme. Und weil das so ist, hab ich meinen Ministern im Kabinett glasklar deutlich gemacht, passt mal auf Leute, ihr habt immer so 'ne große Klappe, dabei wisst ihr nicht mal mehr, wie das an der Basis aussieht.

Und da sacht der Eichel: »Welche Basis?« Und ich sach: »Hör auf mit dem Quatsch ... Ihr wisst nicht mal mehr, wie das an der Basis aussieht. Und weil das so ist, machen wir als Kabinett mal was ganz was anderes: Teambuilding! ... Machen wir mal 'ne Fahrradtour! Und zwar nach Eberswalde. Und was die Basis angeht, irgendwen werden wir da schon finden.«

Da sacht der Stolpe: »Aber doch nicht in Eberswalde!«

Und die Wieczorek-Zeul sacht: Ja, da kann sie nicht mitfahren, weil für Eberswalde, da hat sie ja gar nicht die richtigen Klamotten. Und da hab ich klipp und klar gesacht: »Heidi! Das, was du in der Dritten Welt trägst, ja das geht doch wohl auch für Eberswalde.« Und da sacht die Ulla Schmidt: »So 'ne Fahrradtour, das geht schon aus versicherungstechnischen Gründen gar nicht. Wenn da nur einer vom Rad fällt!« Sach ich, gut, machen wir es ohne alkoholische Getränke. Und dann muss auch der Trittin noch seinen Senf dazugeben und sacht: »In Eberswalde, da ist doch die Luft immer so schlecht. Und überhaupt, warum muss denn der Fischer als einziges Kabinettsmitglied nicht mit?« Und da sach ich: »Jürgen, denk doch ma' nach, was soll denn der Außenminister in Eberswalde?« Ist kein Argument, weiß ich, hab ich drüber nachgedacht, ist mir erst nichts eingefallen, ... hab ich so dahingesacht: »Übrigens, der Fischer heiratet heute.« Und da sacht der Clement: »Da hab ich ja gar nichts von gewusst, ich hab ja gar keine Hochzeitsanzeige gekriegt.« Und dann sach ich: »Wolfgang, jetzt lass den Fischer mal in Ruhe, das gibt sich bei dem auch wieder.«

Da sacht der Stolpe, er kann leider auch nicht mitfahren, sein Fahrrad hätt 'nen Platten, er wär gestern auf der A12 in 'nen Schlagloch geraten. Ich sach: »Mensch, Manfred. Du bist doch Bundesverkehrsminister! Du wirst doch wohl wissen, wie man 'n Fahrradschlauch repariert.« Und dann hab ich mit der Faust auf den Tisch geschlagen, und dann hab ich gesacht:

»Also, jetzt schwingt ihr mal eure Hintern auf'n Sattel, oder ich leg mein Amt nieder!« Und da sacht der Schily: »Ja, wenn du uns so unter Druck setzt, ja, dann müssen wir wohl.« Und denn ha'm wir erst mal alle herzlich gelacht.

Und dann kam der Olaf Scholz rein mit meinen Hosenklammern und mit meinem Rucksack voller Dosenbier, hat der Trittin natürlich 'ne flotte Bemerkung gemacht. Muss er ja auch als Umweltminister. Hab ich mich schnell zum Scholz gewandt und gesacht: »Olaf, du bist zwar kein Minister, du bist ja bloß Generalsekretär, aber du kommst auch mit. Ich würd sagen, wir zwei, wir fahrn ma' mit 'nem Tandem. Wir sind doch das Dreamteam der Sozialdemokratie.« Und denn wurd das Tandem reingeschoben. Ich hab's ma' ausprobiert. Und ich sach: »Guckt ma' hier, wenn ich hier an der Pedale drehe, das hat sogar 'nen Rücktritt.« Und da ha'm wir erst mal alle herzlich gelacht.

Bevor es dann losging, hab ich erst ma' gefracht, sind auch alle da, sind wir vollzählig? Hat der Scholz mal durchgezählt, hat er gesacht: »Nee, die Zypries fehlt.« Ich sach: »Wer ist das denn?« – »Ja«, sacht er, das weiß er auch nich', aber die sitzt immer mit am Kabinettstisch. Ich sach: »Ist doch egal. Wir fahrn jetzt los!«

Ja, dann ha'm wir 'ne schöne Tour gemacht. Der ganze Tross los. Stolpe voran, der ist der Einzige aus'm Osten, der kennt die Gegend. Vor und hinter uns die Bodyguards in unseren Limousinen. Hatten die das auch mal schön. Und der Olaf und ich auf'm Tandem, er vorne, ich hinten. Und da hat sich der Olaf richtich ein' abgestrampelt. Und zwischendurch hab ich auch ma' die Füße auf die Lenkstange gelegt. Vor allem bergan. Ich wollt ja ma' sehn, wie das mit dem Aufschwung läuft. Und da hat die Künast gesacht: »Gerd, pass auf, dass das nicht zum Kanzlersturz kommt!« Und da ha'm wir erst mal alle herzlich gelacht.

Und dann ha'm wir uns zwischendurch auch noch mal so ordentlich 'n Schlag verfahrn. Da wusste dann auch der Stolpe nich mehr richtig Bescheid. Und dann ist zu allem Überfluss der Renate Schmidt auch noch die Fahrradkette abgesprungen. Und da ham wir 'ne Expertenkommission gegründet. Und denn ham wir erst mal alle herzlich gelacht. Und die Bulmahn hat das dann irgendwann auch hingekriegt. Und ich sach: »Edelgard, woher kannst du das denn?« Da sacht sie: »Na ja, als Bildungs- und Forschungsministerin.« Und ich sach, »Ja gerade deshalb hätt ich das von dir nun nicht erwartet«.

Als wir dann endlich in Eberswalde angekommen sind, da war das schon stockfinster. Und keine Menschenseele weit und breit, von wegen und der Basis. Außer an'ner Currybude, da stand noch ein Typ in Malerklamotten. Und als der uns alle auf einem Haufen gesehen hat, da wollt der, glaub ich, am liebsten abhaun. Und da hab ich gesacht: »Passen Sie mal auf, bleiben Sie mal bei uns. Und wir nehmen Sie mal in die Mitte. Ich geb auch einen aus. Und wenn hier einer zurücktritt von der Bude, dann bin ich das.« Und da ha'm wir erst mal alle ... Da hab ich ihn gefracht, »Sag ma', hast du schon mal was vor meiner Agenda 2010 gehört?«. Hat er mit dem Kopf geschüttelt. Und da hab ich gesacht: »Ja, da schütteln ja alle erst mal mit dem Kopf. Aber Agenda 2010, das muss man sich so vorstellen, das wie 'n Science-Fiction-Film, erst is alles ganz schlimm, und alle denken, das geht sowieso nich, aber am Ende, aber natürlich erst in der Zukunft, wird alles gut und alle sind gut gelaunt und erfreun sich auch bester Gesundheit.« Und da hat der Typ mich unsicher angeguckt, und dann hab ich noch einen ausgegeben. Und dann hab ich ihm das mal anhand der Zahlen vorgerechnet, wie sich das alles miteinander verhält. Ich hatte nicht den Eindruck, dass er's kapiert hat. Aber wer kapiert das schon? Ich doch auch nich!

So! Und der Clement hatte auch ein bisschen Mitleid mit ihm. Und hat gesacht: »Na ja, hier, passen Sie mal auf«, und hat 'ne Rolle aus der Tasche gezogen, mit so kleinen Abschnitten drauf, und hat gesagt, »wenn Sie irgendwann mal aus irgendeinem Grund zum Arbeitsamt müssen, dies hier sind Nummern im niedrigen Wartebereich«. Hat der Typ zwei Nummern von gekriegt. Und dann hat er immer noch so komisch geguckt. Und da hab ich noch ein ausgegeben, gegen den Reformstau. Und denn hab ich gesacht: »Jetzt muss es aber auch losgehn. Und der Bundesrat, der kann ja auch nich immer alles blockiern!« Und dann hat der

Struck gesacht: »Ja, in unserer Demokratie, da kann man ja nichts mehr verändern! Scheiß Föderalismus!« Und dann haben wir noch mal angestoßen, und zwar auf die intakte Demokratie in Russland. Ja, der Putin hat 36 Prozent und 'ne Zweidrittelmehrheit in der Duma! Das 'n lupenreiner Demokrat. Astrein! Und seine politischen Widersacher, die kann er inhaftieren! Ja, von so was kann ich doch als deutscher Bundeskanzler nur träumen!

Irgendwann wollte der Currybudenbesitzer schließen. Und da hat die Ulla Schmidt gesagt, sie würd aber gern noch 'n Bier trinken, und wenn er jetzt dicht macht, dann würd sie morgen mal das Gesundheitsamt anrufen. Und da hat der sogar noch einen ausgegeben. Irgendwann war dann der Typ in den Malerklamotten weg, und da hab ich gesacht: »Unser Ausflug an die Basis, das war 'n glasklarer Erfolg.« Und da hat der Budenbesitzer gesagt: »Ja, der Typ vorhin in den Malerklamotten, der ist aus Polen.« Und da sagt der Eichel, »Ja, Gerd, dann hat der von deiner Agenda ja kein Wort verstanden.« Und ich sach, »Hans, jetzt quatsch man nich so viel, guck mal lieber, ob die Fahrräder noch da sind.« Die war'n aber noch da. Aber mein Rucksack mit dem Dosenbier war weg. Und da sacht der Scholz: »Das hat der Trittin vorhin weggekippt.« Und ich sach: »Wieso, wo hat der das denn hingeschüttet?« Und er sacht, das weiß er nicht, »aber der liegt da hinten zwischen den leeren Dosen!«.

Und dann ging in der Umgebung 'n Fenster auf, und einer

schrie raus: »Sagt mal, wisst ihr eigentlich, wie spät das ist!« Und er muss morgen früh raus, und überhaupt, ob wir keine Arbeit hätten, wir Proleten! Und er würde uns gern mal wohin treten! Und da hab ich gesacht: »Wenn du das machst, dann tret ich zurück!« Und da hat der Typ am Fenster herzlich gelacht.

Der Untergang (des Abendlandes)
Bov Bjerg, 2004

Die Künstler und Intellektuellen haben zur Rechtschreibreform lange geschwiegen, vielleicht zu lange. Doch endlich, im Sommer, führt das monströse Verbrechen an der deutschen Orthografie zu einem Aufschrei der geistigen Elite. In der *Bildzeitung*, dem renommiertesten Organ humanistischer Sprachkultur, kommen sie zu Wort: Reinhold Beckmann und Johannes B. Kerner, Udo Lindenberg und Heino, Veronica Ferres und Jeanette Biedermann.

Sie alle beziehen Stellung gegen die Reform. Täglich. Ohne Rücksicht auf Repressalien und persönliche Nachteile.

Doch ihre Intelligenz ist ohne Einfluss. Wie kann sie wahrhaft wirken? Nun, es bleibt ihr: die Kunst. Die Kraft von Sprache und Poesie, die Kraft von Bildern und Farben. Deutschlands führende Querdenker finden zusammen und drehen einen eindringlichen Film. Einen Film, der die Rechtschreibreform doch noch kippen kann. Ein einzigartiges Projekt in der deutschen Filmgeschichte:

DER UNTERGANG (des Abendlandes)

Die letzten Tage der alten Rechtschreibung. Die rote Rechtschreibreformarmee im Marsch auf Berlin. In seinem Bunker sitzt das S-Zett (Johannes B. Kerner) und versucht, das Schicksal zu wenden. Als Erstes braucht es eine tüchtige Sekretärin (Veronica Ferres).

»Schraiben Sie: Blaß där Fuß und kraß där Stuß. – Sähr gutt. Und märken Sie sich für unsärä Arbeit hier: Spaß kann, Haß muß!«

Abertausende Flüchtlinge bevölkern Berlin, unschuldige PH's und Ströme von heimatlos gewordenen Kommata, die einst ihr friedliches Auskommen hatten zwischen vollständigen Hauptsätzen.

Schweres Rechtschreibregelfeuer zerfetzt Wort um Wort, die Philologen in den Lazaretten operieren Tag und Nacht, nähen auseinandergerissene Wörter wieder zusammen und versorgen notdürftig entstellende Großschreibungen.

Berlin ist belagert. Das S-Zett rechnet fest mit einer Wende. Die Generale Aust und Diekmann sollen mit fünf Divisionen Papiertigern die Stadt befreien. Aber: Die Divisionen kommen nicht. Sie stecken fest vor den Toren der Stadt. Zwar gelingt es ihnen immer wieder, die anrückende

Rechtschreibreformarmee in zermürbende Diskussionen zu verwickeln, doch diese Debatten kosten zu viele Opfer.

Die Sekretärin im Bunker ist tapfer. Sie lässt sich nicht unterkriegen. Sie tippt S-Zetts ohne Unterlass, 150 Filmminuten lang, tippt Delfin mit ph und im Dunkeln tappen mit kleinem dunkeln.

Die Einschläge kommen näher. Die Bunkerwände wackeln. Das Ende scheint bevorzustehen. Das S-Zett, hinter vorgehaltener Hand längst »das scharfe S« genannt, heiratet seine Lebensgefährtin Eva Braun (Heino).

Dann, die sicherlich bewegendste Szene: Frau Goebbels (Jeanette Biedermann) bringt ihre Kinder zu Bett. »Hier, meine Kleinen. Beißt auf diese Kapseln. Und dann schlaft gut.« Frau Biedermann möchte nicht, dass ihre Kinder in einer Welt mit neuer Rechtschreibung groß werden.

Böse Überraschung kurz vor Schluss: Heinrich Himmler (Udo Lindenberg) erweist sich als Verräter am S-Zett. Doch was will man anderes erwarten vom »Reichsführer SS«?

Beklemmung im Bunker. Das S-Zett bei seiner letzten Mahlzeit. Eine Riesenportion Spaghetti mit h nach dem g und Tomatensoße.

Das S-Zett ruft seinen Hund: »Blondi, komm. Baiß auf diese Kapsel. Guter Hund. Du möchtest doch nicht Hasso heißen, oder?«

Das S-Zett blickt auf sein Leben zurück. Tränen steigen ihm in die Augen. Es ruft seine Sekretärin. Und diktiert mit gebrochener Stimme sein politisches Testament: »Trännä nie Äs-Tä, dänn äs tut ihm wäh.«

> ### Meine Merkel
> Christoph Jungmann, 2019
>
> Ich hatte es lange Zeit für ein etwas wichtigtuerisches, pseudo-bescheidenes, esoterisch angehauchtes Gehabe gehalten, wenn Schauspieler, meist auf ihr Leben zurückblickend, in Bezug auf bestimmte Charaktere, die sie verkörperten, davon sprachen, »ich habe mir die Rolle nicht ausgesucht, die Rolle hat sich mich ausgesucht«. Ich bitte um Entschuldigung für falsche Bezichtigungen – denn ich erfuhr diese Heimsuchung ebenfalls.
>
> Angela Merkel kam irgendwann über mich und hat aus mir heraus geredet, praktischerweise gleich mit s-Fehler; erstmals 1996, als ich im Auto an einer roten Ampel stand und die Stimme der Umweltministerin im Radio hörte, plötzlich kommunizierte meine Merkel mit der echten. Das hat irgendwie Spaß gemacht. Ich habe sie dann mal auf der Bühne herausgelassen, in einem Nummernprogramm meiner damaligen Gruppe *Zwei Drittel*: Sinnigerweise spielte ich einen Kabarettisten, der sich einer Kleinkunstagentur als Parodist andient. Ich wurde nicht angenommen, Merkel-Parodisten hatten zu dieser Zeit eher schlechte Karten und

wurden zudem auch noch mit Parodisten von Claudia Nolte verwechselt, die damals eher prominenter war als ihre Kabinettskollegin.

Ich ließ mich aber nicht beirren und pflegte die Merkel in mir, angetrieben von dem interessanten Gefühl, es mit einer freakigen Außenseiterin zu halten, die von Kohl protegiert wurde: ein Quoten-Ossi, eine Quoten-Frau, scheinbar Spielball älterer Herren, über die sich die Männer lustig machten und die Frauen den Kopf schüttelten. Ich könnte sagen: Ich habe es damals schon besser gewusst und ihren späteren beispiellosen Aufstieg geahnt, das wäre aber dreist gelogen. Ich irrte wie wir alle bzw. ich hatte einfach Glück.

Ihr berühmter FAZ-Beitrag über Kohl und seine nicht genannten Spender. Ich brachte schwarze Geldkassetten mit auf die Bühne und fühlte, dass Merkel erstmals an den ganz großen Rädern drehte, und schon damals verblüffte mich ihr unfassbares Gefühl für Timing – ihr größter Coup: Stoiber den Vortritt zu lassen als Kanzlerkandidat 2002; wäre sie bei jener Wahl gegen Schröder gescheitert, hätten Koch&Co sie wohl abgeräumt.

Meine Merkel kam aus dem Staunen nicht heraus, welche Entwicklung die echte nahm. Deren Macht wuchs und wuchs und der Rückblick mit ihr. Meine Merkel brach nunmehr die große Politik herunter auf die kleine Enge des Mehringhoftheaters und später auf die Weite der Kudamm-Bühnen sowie des Schillertheaters. Das bringt einen durchaus durcheinander. Ich rechtfertige seit mehr als zwei Jahrzehnten die Politik eines Machtmenschen, und da ist das Stockholm-Syndrom manchmal nicht weit, wenn meine Kanzlerin Dieselskandale und Waffenexporte wegmerkelt. Um mich des Vorwurfs, sie zu positiv, zu nett, zu harmlos darzustellen – den mir niemals jemand gemacht hat –, zu erwehren, habe ich einen Rückblick lang versucht, sie nicht mehr so knuffig zu spielen, das ging nicht. Hat einfach keinen richtigen Spaß gemacht.

Werde ich gefragt, wie lange ich sie denn nun studiert habe, wie sie spricht, wie sie läuft, ihre Mimik und Gestik, erfinde ich in angemessenem Rahmen Müh und Plag, die mich dieses Studium beschäftigt hat, aus Sorge, ich könnte sonst für arrogant gehalten werden. In der Tat gibt es kein Studieren, kein Beobachten, mal abgesehen von dem, was man sowieso aufnimmt, wenn man in dieser Medienwelt lebt, ohne sie aktiv auszublenden. Es kostet mich keine Mühe, diese Kunstfigur zu sein, sie ist da, ich muss sie nur heraus bitten. Dass Improvisationstheater meine andere Passion ist, steht dem sicher nicht im Wege. »Was machst du, wenn sie nicht mehr Kanzlerin ist?«, eine anhaltende Frage, und ich sage, »weiß nicht«. Hören, was die Merkel in mir dann sagt. Die wird's schon wissen.

3 Schwarz-Roter Aufschwung:

Von Vorratsdatenspeicherungen, Abwrackprämien und Betrachtungen aus dem Hartz (2005–2008)

Garderobengespräch 2005
Horst Evers, 2019

Zwischen den Jahren. Irgendwo in der sehr langen Strecke täglicher Doppelvorstellungen, zwischen den beiden Vorstellungen, also rund 30 Minuten vor Beginn der zweiten Vorstellung: Christoph sortiert Quittungen, Hannes hört hochkonzentriert Kassetten auf einem sehr alten Walkman, Bov sitzt auf dem Sofa und schläft unter einer Zeitung, Horst sitzt im Gang und kritzelt in seinen Texten rum, Manfred sucht irgendwas an der Garderobe.

MANFRED   So. In der Pause von der zweiten Vorstellung heute ist dann Bergfest.

CHRISTOPH   Was? Nein? Bergfest war gestern schon. Vor der zweiten Vorstellung.

MANFRED   Wenn man Kiel und Hamburg nicht mitrechnet.

HORST *(aus dem Gang rufend)*   Richtiges Bergfest ist erst morgen.

CHRISTOPH   Was heißt denn jetzt richtiges Bergfest? *(holt den Kalender raus)*

HORST   Wenn man auch diese seltsame Voraufführung in dieser Schule mitrechnet.

CHRISTOPH   Aber dann müsste das Bergfest doch noch früher sein.

MANFRED   Oder später. So genau kann man das nicht wissen. *(tippt mittlerweile Zahlen in den Taschenrechner seines Telefons)*

CHRISTOPH   Ist ja auch egal. Diese Voraufführung zählt sowieso nicht, weil da nicht alle dabei waren.

HORST   Von wegen. Gefühlt zählt diese Voraufführung sogar wie drei Vorstellungen.

CHRISTOPH   Was ich dich schon die ganze Zeit fragen wollte: Wieso sitzt du eigentlich immer noch im Gang, obwohl du doch gar nicht mehr rauchst?

HORST   Damit ich mir keinen neuen Platz suchen muss, falls ich doch wieder anfangen sollte.

BOV *(unter der Zeitung sprechend)*   Kann sich zufällig jemand erinnern, ob ich mein Essen heute schon gegessen habe?

CHRISTOPH   Du hast alles schon vor der ersten Vorstellung gegessen. Eigentlich direkt, nachdem du hier angekommen bist.

BOV   War das nicht schon gestern?

CHRISTOPH   Das war auch gestern. Und vorgestern und vorvorgestern ...

HANNES *(unvermittelt als Müntefering sprechend)*   Unsere Zusammenarbeit ist geprägt von gegenseitigem Respekt und der Sorge um die Menschen in diesem Land.

CHRISTOPH   Schöner Satz. Könnte auch aus meiner Neujahrsansprache sein.

BOV   Aus <u>deiner</u> Neujahrsansprache?

HANNES   Der Satz <u>ist</u> aus deiner Neujahrsansprache. Hast du die noch nicht gehört?

CHRISTOPH   Nein. Wieso?

HORST   Ich fürchte, wenn du jetzt Kanzlerin bist, wirst du dir auch häufiger anhören müssen, was du so redest.

BOV   Dieser Satz ist auf sehr vielen Ebenen seltsam. Das Abstruseste an ihm ist aber wahrscheinlich, dass er für uns absolut normal ist.

HORST   Wenn sich alle Menschen das Zeug, was sie so reden, häufiger mal selbst anhören würden, wäre diese Welt wahrscheinlich eine bessere.

MANFRED   Ach, man hört doch so vieles, was einen nicht interessiert. Und der Anteil dessen, was einen nicht interessiert, den man selbst so redet, ist wahrscheinlich sehr viel größer, als man meint.

BOV   Bist du dir sicher, dass du selbst verstanden hast, was du da gerade gesagt hast?

MANFRED   Keine Ahnung, ich habe mir nur halb zugehört. Aber wenn ich nur das reden würde, was ich selbst verstehe, würde ich mich, glaube ich, mit der Zeit ziemlich langweilen.

BOV *(auf die Zeitung zeigend)*   Allein die viele Zeit, die ich damit zubringe, Sachen zu lesen, die mich eigentlich gar nicht wirklich interessieren. Stellt euch mal vor, es gäbe etwas, wo dann nur noch das steht, was einen auch interessiert. Nur das, was man auch wirklich lesen oder hören will …

HORST   … mit allen Neuigkeiten auch aus dem persönlichen Umfeld. Genau auf einen zugeschnitten. Mit individuellen Hinweisen zu allem, was einen so in echt interessieren könnte. Wo man sich praktisch ausschließlich mit Gleichgesinnten austauschen könnte. Wenn es so was gäbe, müssten sich die Menschen nicht mehr so viel über Zeug ärgern. Sie wären wahrscheinlich viel entspannter.

MANFRED   Hm. Womöglich wäre die Welt, wenn es so was gäbe, wirklich eine bessere … Obwohl, irgendwas wird bestimmt auch dann wieder sein.

HANNES   Hat jemand meine Müntefering-Krawatte gesehen?

CHRISTOPH   Mein Naidoo-Text ist irgendwie weg.

HORST   Könnt ihr den nicht langsam mal auswendig?

BOV   Fast. Es ist nur eine Zeile, die ich mir einfach nicht merken kann.

HORST   Dann schreib dir diese Zeile doch in die Hand.

BOV   Es ist jedes Mal eine andere Zeile.

CHRISTOPH   Hier ist eine Krawatte.

HANNES   Das ist die Netzer / Delling-Krawatte, die ich vor zwei Jahren hier verloren habe.

MANFRED *(vom Telefon aufblickend)*   So. Kristjane hat das jetzt noch mal genau durchgerechnet. Heute in der Pause der zweiten Vorstellung ist Bergfest.

ALLE ANDEREN VIER   Also so, wie wir es die ganze Zeit gesagt haben.

MANFRED   Ja, stimmt. Ihr hattet recht.

Alle nicken zufrieden.

Hemd auf, Hose runter
Manfred Maurenbrecher, 2005

Eine Filiale der Agentur für Arbeit in einer ostdeutschen Kleinstadt. Der Sachbearbeiter ist in Akten vertieft, ruft per Knopfdruck den nächsten Klienten, hebt den Kopf und sagt:

Kommen Sie ruhig rein, machen Sie die Tür hinter sich zu.

Nehmen Sie Platz, Herr Rosenow. Aus Parchim. Ingenieur. Alleinstehend. 53 Jahre alt. Und jetzt knapp zwei Jahre arbeitslos. Und Sie beziehen den Höchstsatz, alle Achtung, das hat sich dann aber ganz angenehm gelebt, nicht wahr, Herr Rosenow? 120 qm sanierter Altbau, schätz ich mal, mitten im Stadtzentrum, ein Škoda-Mittelklassewagen, paar Aktienfonds, ISDN und DSL flat fürs Internet, ein Beamer auf der Wochenenddatsche, die natürlich längst abbezahlt ist? Stimmt alles – na, sehen Sie mal an, das wusst ich, ohne Sie zu kennen, ich kümmere mich nämlich um meine – Klientel.

Jetzt also auf Hartz IV. Wie der Volksmund sagt. Da kommen aber andere Zeiten auf Sie zu, das sollten Sie gleich wissen. Sie machen als Erstes jetzt am besten mal 'ne Liste von all dem Vermögen, das Sie noch besitzen – und ich, ich nenn schon mal die Losung. Und dann sehen wir weiter:

Hemd auf,
Brust raus,
Hose runter.
    Klingt unangenehm, ganz recht. Soll es auch.

Nun, wir woll'n doch alle den Sozialstaat ein wenig verschlanken, Sie doch auch, nicht wahr? Haben Sie nicht jahrelang gegen all die Schmarotzer gewettert, die Benutzer sozialer Hängematten, leistungsunwillige Drückeberger? Aus den sozialistischen Wärmestuben? Trinker, alleinstehende Mütter? Die der Markt gleich wieder abstößt? War'n das nicht so ungefähr Ihre Worte? Nicht, dass ich Ihnen das jetzt vorwerfen wollte – aber was in aller Welt hat Sie darauf gebracht, Sie würden ausgespart vom Marktgesetz? CDU-Wähler der ersten Stunde – vor der Wende, nach der Wende –, bürgerlich bis in die Knochen – das war mal Ihr Kapital, Herr Rosenow, und irgendwann war's dann auch Ihr Fehler. Als Ihre Firma sich verschlankt hat, waren Sie bei den ersten Entlassenen. Die ehemaligen sozialistischen Kader dagegen, die ha'm clever nachgezogen, die ha'm sich Kapitalgesellschaften gegründet, ha'm sich gegenseitig Verlustzuweisungen zugeschrieben, die tanzen jetzt nicht mehr hier an und wollen Stütze so wie Sie …
    Also diese 57 000 Euro Lebensversicherung, von denen ich hier lese, die sind jetzt nicht mehr Ihre, die ziehen wir voll mit ein, und die Datsche wird natürlich verkauft – ja,

wie: »Ist doch alles selbst erarbeitet« – glauben Sie denn, wir vermuten, dass Sie das geklaut haben? Dann würden wir's Ihnen vielleicht sogar lassen – is 'n anderes Thema, da ha'm Sie recht. Aber wenn Sie von Ihrem Staat was haben wollen, mein Lieber, wohlgemerkt, dann ohne Hinterhalt und blank und frei, mit leeren Taschen –

Hemd auf,
Brust raus,
Hose runter.
  Na also. Geht doch.

Der nackte Mann. Der kriegt dann seine 345 Euro. Jeden Monat. Krisenfest. Jedenfalls, soweit wir planen können. Na, Schwamm drüber. Jetzt ist nur ein Problem. Ich hätt Sie gern aus der Statistik wieder raus. Sie müssten also wieder arbeiten. Natürlich nicht für die 4000, die Sie mal gewohnt waren ... Was? Was woll'n Sie? Gemeinschaftsarbeit? Ach je, mein Lieber, tun Sie jetzt nicht so naiv – Spielplätze wollen Sie sauber machen, oder in die Krankenpflege? Sie als Ingenieur? Woll'n Sie denn wirklich so was? Außerdem, wie sollte denn die öffentliche Hand, wie sollten wir denn so was noch bezahlen? Ach, kommen Sie, der Sozialismus war Ihr Ding doch nie, die ha'm sowas bezahlt. Mit all den Folgen, die wir kennen. Mauerbau. Gewissensterror. Wir nicht. Hier ist jetzt nur noch Markt. Mit großer Mehrheit, mehr als je zuvor.

Nee, mein Lieber: Ich habe hier eine Liste von der regionalen Industrie, und da gibt es Anforderungen, da würden Sie nur staunen. Jetzt ha'm Sie Glück. Denn Ihre Firma existiert ja noch. Und die haben hier einen Bedarf angemeldet, der liegt mir vor, und die schreiben, die suchen exakt den Ingenieur, der Sie mal waren. Und das ist Ihre Chance! Das könn' Sie doch noch alles. Vielleicht stellt man Sie ja sogar irgendwann noch mal wieder richtig ein. Wunder gibt es immer wieder! Ich wäre wirklich froh, wenn das passieren würde, ich würd's Ihnen gönnen – wir sind hier nämlich keine Unmenschen, wir tun hier auch nur, was wir können.

Und das ist wenig, da ha'm Sie recht. Ein Euro in der Stunde. Statt Ihrer 4000 monatlich vorher. Aber dafür dann die 345 geradezu frei Haus. Ist das ein Deal?

Was gucken Sie denn plötzlich so böse? Das hilft nichts, wenn Sie nächstens anders wählen. Nicht mal die Grünen würden Ihnen helfen. Und die PDS – da, wo die mitregiert? Ehrlich gesagt, ich sehe wenig Spielraum. Amok bestenfalls.

Oder Sie ringen sich noch einmal durch zum guten alten Staatsbürger. Lieb Vaterland, magst ruhig sein. Auch Sie sind Deutschland!

Hemd auf,
Brust raus,
Hose runter.

Kommen Sie, probier'n Sies einfach mal. Warten Sie, ich hol grad mal 'n Spiegel, da köln' Sie selber sehn, wie Ihnen das steht.

Hemd auf,
Brust raus,
Hose runter.

Hier, sehn Sie selbst: Ich finde, Ihnen steht das ausgezeichnet.
 Eigentlich sind Sie genau der Typ, dem so was steht.
 Kommen Sie, wir wagen mal 'n Tänzchen zusammen, wir beide –

Hemd auf,
Brust raus,
Hose runter.
 Zwanzig Jahre jünger sieht er aus, der Kerl ...

Netzer und Delling: Deutsche Identität
Hannes Heesch, 2006

DELLING Jaha, meine Damen und Herren! Die Welt zu Gast bei Freunden! Die Fußball-WM 2006 in Deutschland – eine WM der Superlative! Oder, Günter Netzer?

NETZER   Es geht so, Herr Delling.

DELLING   Haha! Aber die Stimmung auf der Fanmeile war doch schwarz-rot-geil, oder, Günter Netzer?

NETZER   Furchtbar, diese national befreite Zone im Tiergarten. Ich konnte es nicht mehr mit ansehen.

DELLING   Aber, Günter Netzer! Das war friedliche Völkerverständigung! Fröhlicher Patriotismus! Integration! Sogar muslimische Frauen mit schwarz-rot-goldenen Kopftüchern feierten auf der Fanmeile ganz selbstverständlich neben nackten Deutschen. Hat Horst Köhler recht, sind die Deutschen endlich normal geworden? Kann man das so sehen, Günter Netzer?

NETZER   Ich weiß es nicht, der Bundespräsident hat vielleicht zu Unrecht angemahnt, dass die Muslime sich in Zukunft noch stärker an unsere Kultur anpassen müssen.

DELLING   Haha! Deutschland, ein Sommermärchen! Eine wunderbare WM! Oder sollte ich besser sagen EM? Ozeanien raus, die Länder der Lotusblüte raus, die Afrikaner raus. Und nicht zuletzt die Brasilianer im Viertelfinale gescheitert, woran hat's gelegen, Günter Netzer?

NETZER   An Brasilien.

DELLING   Hahaaaaa! Typisch Günter Netzer! Der Ball ist rund und das Runde muss ins Netzerige! Haha!

NETZER   Herr Delling, was soll diese Frotzelei! Das kann kein Mensch mehr ertragen!

DELLING   Haha ... Sepp Blatter hat ja gesagt, das war die beste WM aller Zeiten, kann man das so sehen, Günter Netzer?

NETZER   Nein, das kann man nicht!

DELLING   Doch, das kann man doch!

NETZER   Nein!

DELLING   Doch!

NETZER   Herr Delling! Die Spiele haben mich gelangweilt! Und der neue deutsche Patriotismus ist dann ja nach der WM auch gleich wieder verrauscht. Was mich interessiert, ist das mangelnde Nationalbewusstsein der Deutschen und die soziokulturellen Bedingungen. Wir Deutschen sind eine verspätete Nation, ja, genau, richtig, zutiefst kultiviert zwar, mit großen Persönlichkeiten, die reimen konnten oder musizieren oder einfach nur nachdenken und knobeln. Aber immer wieder geraten wir ins Abseits! Ja, zwischendurch gewinnen wir auch mal, aber am Ende stehen immer wieder bittere Niederlagen: Jena und Auerstedt! Versailles! Stalingrad! Ostberlin ... die Stadt gibt es gar nicht mehr! Und jetzt auch noch die 0:2-Niederlage von Dortmund!

DELLING   Hä? Günter Netzer, was ist denn mit Ihnen los?

NETZER   Was mit mir los ist!? Herr Delling, die Franzosen – und ich habe darüber mal mit Peter Scholl-Latour diskutiert, oder war es Uli Wickert? Oder Michel Platini? Egal, ehmehmehm, die Franzosen sind in Sachen Nationalstolz viel effektiver als wir. Sie empfinden Niederlagen als Siege. Sie haben drei historische Mythen, an die sie sich auch noch in tausend Jahren erinnern werden: Die Französische Revolution ...

DELLING   Günter Netzer, ich ...

NETZER   Die Résistance gegen den Nationalsozialismus ...

DELLING   Günter Netzer, was soll das?

NETZER   ... und nun auch noch Zidane, dieser hochintelligente Kopfmensch im Befreiungskampf gegen den italienischen Stinkstiefel, und das auch noch in Hitlers Olympiastadion! Das haben weltweit Milliarden gesehen! Frankreich ist nach wie vor die Grande Nation!

DELLING   Aber Günter Netzer, in diesem Sommer waren wir doch auch eine große Nation, oder, Günter Netzer?

NETZER   Ja, aber bei uns geht das immer wieder über den rechten Flügel, wie gegen Polen. Oder aber es ist zu abstrakt: Das System Klinsmann, das ist wie Habermas' Verfassungspatriotismus. Nicht Fisch, nicht Fleisch. Das war nur kurzfristig laufstark und löst keine nachhaltige La-Ola-Welle im deutschen Volk aus. Nein, ich sage noch einmal, wenn Klinsis Kondition wenigstens für ein paar Jahre gehalten und er nicht gleich nach der WM das Handtuch geworfen hätte, dann hätte er wirklich einer der ganz großen Deutschen werden können. So wie Bonhoeffer ...

DELLING   Sie meinen Bonhof!

NETZER   Oder wie Gutenberg.

DELLING   Haha, sie meinen Gutendorf, den alten Weltenbummler!

NETZER   Oder Hölderlin ...

DELLING   Hölzenbein.

NETZER   Oder wie Beethovens Nummer 9. Oder wie, wie … Thomas Mann oder … wie … ehmehmehm … wie Katja Mann oder Heinrich Mann oder Erika Mann oder Klaus Mann oder Golo Mann …

DELLING   Oder Leh-Mann!

NETZER   Klinsi – wie ihn seine Fans zu nennen pflegen – hätte einer der großen Nachkriegsdeutschen werden können. So wie Willy Brandt oder Ernst Happel.

DELLING   Aber Ernst Happel war doch Österreicher.

NETZER   Herr Delling! Viele große Deutsche waren Österreicher! Denken Sie an Bruno Ganz!

DELLING   Günter Netzer, zurück zur WM! Sie wirkten irgendwie müde und abgespannt.

NETZER   Herr Delling! Hätten wir etwa wie Kerner und Klopp, dieses Mainzelmännchen mit der roten Laterne, um den Plasma-Bildschirm herumtoben sollen, um uns mit verbalen Fehlpässen permanent blind ins Wort zu grätschen?

DELLING Nein, nein. Aber ein bisschen mehr Euphorie, ein bisschen mehr Begeisterung, Günter Netzer! Das hätte uns beiden gutgetan, oder, Günter Netzer?

NETZER Oder, Günter Netzer!? Oder, Günter Netzer!? Herr Delling, der Fußball interessiert mich nicht mehr. Er ist zum reinen Geschäft verkommen. Das viele Geld hat den Fußball verdorben! Und die WM!? Herr Delling, ich habe gar nicht mehr hingesehen! Ich habe alle Spiele schon mal gesehen. Jeden einzelnen Spielzug. Die Trikots! Die Stutzen! Ich kenne das! Das ist Nietzsches ewige Wiederkehr!

DELLING Also, äh ...

NETZER Also sprach Günter Netzer: Zu meiner Zeit! Da war das neu! Ich kam aus der Tiefe des Raumes wie einst nur das Raumschiff Enterprise. Ich habe mich selbst eingewechselt bei Borussia Mönchengladbach! Ich war ein Anarchist! Ich habe geschissen auf Hennes Weisweiler! Ich war einer der Ersten in Spanien 1975/76! Ich war im Widerstand! Ich habe Franco gestürzt!

DELLING Günter Netzer ...

NETZER 1974, in der Sportschule Malente! Wir haben auf Bude gelegen, Paul Breitner und ich. Und man hat uns

Rollmops zu essen gegeben! Und Pomm Fritz! Und das hat uns aggressiv gemacht! Und Helmut Schön hat uns zu lesen gegeben, Marcuse: *Kultur und Gesellschaft, Trieblehre und Freiheit* und *Repressive Toleranz*! Und Becketts *Endspiel* und Peter Handkes *Die Angst des Tormanns beim Elfmeter*.

DELLING   War das nicht von Sepp Maier?

NETZER   Ich war ein Ästhet! Kultiviert! Netzer in Sein und Zeit! Alle Spielmacher, die nach mir kamen, waren nur eine Spiegelung meiner selbst. Das Ganze erinnert mich an Walter Benjamin: *Das Kunstwerk im Zeitalter seiner technischen Reproduzierbarkeit*!

DELLING   Hä?

NETZER   Alle wie Günter Netzer! Alle wie Günter Netzer! Rossi, Maradona, Ronaldinho, Figo, Beckham, alle wie …

DELLING   Hahaaaaa! Kick it like Netzer! Open this gate! Tear down this wall, Mister Netzer!

NETZER   Herr Delling! Sie sind ein Kasper geworden! Wir sollten uns trennen!

DELLING   Was!?

NETZER   Nehmen Sie endlich Vernunft an! Herr Delling, kennen Sie Horkheimers und Adornos Begriff von der instrumentellen und nicht-instrumentellen Vernunft?

DELLING   Günter Netzer, ... ich kann nicht mehr!

NETZER   Dann lesen Sie wenigstens das Standardwerk von Peter Hahne: *Schluss mit lustig!*

DELLING   Wie heißt das?

NETZER   *Schluss mit lustig!*

DELLING   Hahaaaaaa!

NETZER   Herr Delling, Schluss!

Gimme Hope, Obama
Text & Gesang: alle 2008,
Vorlage: Gimme Hope, Jo'anna / Eddy Grant

> Es war ein ganz besonderer Morgen,
> kurz vor fünf Uhr früh nach MEZ
> erfuhr die Welt den Sieger,
> und ich nahm einen Schluck im Bett.

Sah dich mit allen Leuten feiern,
dein Gang war fest wie ein Titan,
und über fünfmal tausend Meilen,
reichte ich die Hand dem Supermann!

Gimme hope, Obama, hope, Obama,
Gimme hope, Obama, 'til the morning come.
Zieh mich hoch, Obama, hoch, Obama,
Zieh mich hoch, until the morning come.

Du bist im Grunde ein alter Sozi
wie August Bebel oder Willy Brandt,
als Ludwig Erhards Urenkel
bist du dem freien Markte zugewandt.

Dein Herz schlägt für die Unterdrückten
und für soziale Ruhe Tag und Nacht.
Du kämpfst für die Vormacht des Westens,
wie ich ein Physiker der Macht.

Gimme hope, Obama, hope, Obama
Gimme hope, Obama, wurde höchste Zeit!
Gimme hope, Obama, hope, Obama,
wurde wirklich höchste Zeit!

Du sagst klar, die Waffen nieder,
und holst die Truppen raus aus dem Irak.
Du weißt genau, nur Militär bringt Frieden,
und nur 'ne sichere Region ist stark.

Den kleinen Häuslebauern in Ohio,
denen löst du ihre Schulden aus.
Du sagst zu Merrill Lynch und JPMorgan:
Hier habt ihr neues Geld, nun macht was draus.

Seit es dich gibt, bewirkst du Wunder,
du hast der Bundesliga Hoffenheim geschenkt.
Bist der gute Engel auf der Straße,
hast Haiders Auto souverän gelenkt.

Rosarot ist unsere Zukunft,
Olympia machst du dopingfrei.
Commander des Raumschiffs Erde.
Und das Klima machst du wieder heil.

Das ist so schön, wenn mal die Richtigen siegen,
dann bekommt die Weltgeschichte wieder ihren
    Sinn.
Alles wird gut, alles wird geregelt.
Oh dann leg ich mich glatt wieder hin!

Fang mal an, Obama, an, Obama, fang mal an,
  Obama, und wir kommen dann!
Fang mal an, Obama, sag: ich kann, Obama, ja ich
  kann, und wir kommen dann!
Fang mal an, Obama, an, Obama, fang mal an,
  Obama, und wir kommen dann!
Fang mal an, Obama, sag: ich kann, Obama, ja ich
  kann, und wir kommen dann!

Gimme hope, Obama, hope, Obama
Gimme hope, Obama, wurde höchste Zeit!
Gimme hope, Obama, hope, Obama,
wurde wirklich höchste Zeit!

Vorratsdatenspeicherung
Bov Bjerg 2008

Es klingelt. Neujahrsmorgen, sieben Uhr. Krieche zur Gegensprechanlage:
»WARUM?«
Sprechanlage sagt: »Werbung.«
Geht das jetzt schon los? Gleich am ersten Januar? Muss Zeit gewinnen.
»WARUM?«
»Werbung!«

Seit Mitternacht gilt das Gesetz zur Vorratsdatenspeicherung. Jede Telefon- und Internetverbindung muss registriert werden. Jede Telekommunikation. Wer hat wann mit wem gesprochen.

Hole Zettel und Kugelschreiber.
  Schreibe in mein Formular:

> *Dienstag 1.1.*
> *7.03 Uhr*
> *Apparat Unten: Zettelverteiler.*
> *Apparat Oben: Ich.*

Werbung ... bestimmt für eine terroristische Vereinigung.
  »Für wen?«
  »Lidl.«
  Sag ich doch.

Februar.
Sechs Uhr dreißig. Es klingelt. Krieche zur Sprechanlage.
  »WARUM?«
  »Bin schon oben!«
  Es klopft an der Wohnungstür. Raffiniert. Da umgeht einer die Vorratsdatenspeicherung, indem er gleich an der Wohnungstür klingelt. Wie viel kriminelle Energie muss man haben?

»Sie hebeln das Gesetz aus!«

»Ja, aber es ist dringend! Möchten Sie einen *Tagesspiegel*?«

»Umsonst?«

»Umsonst!«

»Ich unterschreibe nichts!«

Er: »Nicht nötig. Wir müssen nur die Auflage unters Volk bringen. Wegen der Anzeigenkunden!«

Mache die Tür auf.

»Bitte schön. – Darf ich Ihnen morgen wieder einen *Tagesspiegel* bringen?«

»Na gut. Dazu einen halben Liter Milch und ein Sechskornbrötchen. Aber ohne Leinsamen, bitte.«

März.

Habe mich an den *Tagesspiegel*-Mann gewöhnt. Nenne ihn Giovanni. Jeden morgen drei Croissants, Omelette aus Wachteleiern mit korsischem Ziegenbrie, Pfannkuchen mit Ahornsirup und ein Glas frisch gepressten Orangensaft.

Für die einen ist es die Zeitungskrise, für die anderen das opulenteste Frühstück der Welt. Ich frühstücke, Giovanni liest mir aus der Zeitung vor, und wenn er den Abwasch gemacht hat, schicke ich ihn wieder raus.

Giovanni liest vor, die Telekom hat die Telefone von ihren Betriebsräten und von Journalisten überwacht. Mit den Mobiltelefondaten seien Bewegungsprofile erstellt worden, wer wann wo war. Irre! Installiere an der Gegensprechanlage unten ein GPS. Kann jetzt auch Bewegungsprofile erstellen. Male jeden Gesprächskontakt auf eine Folie, lege die Folien übereinander. Erschreckendes Ergebnis: Apparat unten bewegt sich nicht: Die Terroristen stehen ohne Unterbrechung vor der Haustür!

>   16.31 *Uhr*
>   *Apparat unten: unbek.*
>   *Apparat oben: ich*
>   *Inhalt: hämisches Kinderlachen; evt. Klingelstreich*

Oktober.
Woher soll ich denn jetzt auf einmal einen Nacktscanner nehmen? Das wächst mir langsam alles über den Kopf. Im Keller muss doch noch die Röntgenbrille sein, die ich gekauft hab, als ich sechzehn war.

>   17.09 *Uhr*
>   *Apparat unten: unbek.*
>   *Apparat oben: ich*
>   *Inhalt: Ausforschung der Sicherheitsmaßnahmen*
>   *durch als Kinder getarnte Terroristen*

Gucke jetzt den ganzen Tag mit Röntgenbrille durch den Türspion. Neben mir das Um-die-Ecke-Blasrohr, für alle

Fälle. Ohne moderne Technik könnte man diesen Terrorismus ja gar nicht mehr bekämpfen.

November.
Giovanni liest vor, die evangelischen Kindergärten in Berlin wollen in Zukunft die Fingerabdrücke der Eltern kontrollieren, wenn die das Kind abholen. Aus Sicherheitsgründen. Dabei sind die Blagen doch selbst schon längst auf dem Weg in den Untergrund, Stichwort: Klingelstreich.

Und was machen die katholischen Kindergärten? Passen die Methode an die eigenen Erfordernisse an. Wer ein Kind abholen will, muss seine DNA prüfen lassen. Nur die biologischen Eltern dürfen das Kind mitnehmen. Viele unliebsame Erkenntnisse. Aber so ist das eben. Konsequente Sicherheit zerstört so manche Lebenslüge. Auf jeden katholischen Kindergarten kommen jetzt zwei Scheidungsanwälte.

Im Hof zwei Kinder mit Joghurtbechertelefon. Verabreden sich vermutlich zu Klingelstreich. Rufe sie hoch. Erkläre, dass sie als Betreiber von Joghurtbechertelefonen mit einer Fadenlänge von mehr als 2,5 Metern verpflichtet sind, sämtliche Verbindungen zu registrieren und die Daten ein halbes Jahr lang zu speichern. Überreiche ihnen feierlich Kugelschreiber und Formulare. Die Kinder wollen ihre Verbindungsdaten nicht aufzeichnen.

Zeige ihnen den Schrank im Flur. Darauf steht: »Guantánamo«. Kinder weinen. Kennt man ja von diesen Terroristen. Erst hart und skrupellos, und dann über die Haftbedingungen lamentieren.

Giovanni erzählt, die Bundesregierung sagt in der Antwort auf eine Kleine Anfrage, jeden Monat werden eintausend Ermittlungsverfahren eingeleitet, um an die gespeicherten Vorratsdaten zu kommen.

Eintausend Terroristen! Im Monat! Und trotzdem passiert so wenig! Das ist doch das beste Argument für die Überwachung!

Oder, Giovanni? Giovanni, schreib das auf: »Trotzdem passiert so wenig! Das ist doch das beste Argument für die Überwachung!«

Haste das? So, und jetzt geh zu deiner Zeitung und druck das, Giovanni. Kannste mir morgen früh vorlesen. Und bitte tu mir die Liebe, und vergiss nicht wieder die Honigmelone zum Parmaschinken!

Angela Merkel und Franz Müntefering

Christoph Jungmann / Hannes Heesch, 2008

MERKEL Zu unserem Jahresrückblick werfen wir auch häufig einen Blick in die Medien, vor allem ins Fernsehen. Was ist eigentlich gerade so im Fernsehen en vogue? Und ein ganz besonderer Trend dieses Jahres sind die TV-Koch-Shows. Und Herr Müntefering und ich werden hier heute auf der Bühne kochen. Und wir haben uns gedacht, immer diese extravaganten, aufwendigen Gerichte. Nein! Wir gehen zurück zur Einfachheit, die Zeiten werden vielleicht auch schwieriger, nicht wahr, Herr Müntefering?

MÜNTEFERING   Jawohl, Frau Merkel, das muss man wissen, das ha'm wir gelärnt.

MERKEL   Und wir haben uns entschieden für einen Mecklenburger Bohneneintopf. Und hier ist das Rezept, kurz und knackig! Die Zutaten: Bohnen, Kochbirnen, Äpfel, Wasser, Salz, Zucker, Speck. Und dann dieser knapp gehaltene Ton auch: Bohnen in Wasser aufquellen! Birnen und Äpfel schälen, klein schneiden, nicht zu weich kochen, mit den Bohnen mischen, aufkochen, mit Salz und Zucker abschmecken. Vor dem Servieren gebratene Speckwürfel hineingeben! Zack! Fertig, das ist das Gericht! So muss es sein, oder?

MÜNTEFERING   Das ist richtig. Das ist ein ganz sozialdemokratischer Ton.

MERKEL   Ja, finden Sie?

MÜNTEFERING   Ja, so wie Kurt Schumacher und später Herbert Wehner unsere Fraktionssitzungen geleitet haben. Beim Wehner hab ich es ja noch am eigenen Leibe miterlebt und erlitten. Gut, später hab ich es genauso gemacht. So, was machen wir getz'?

MERKEL   Ja, wir schälen jetzt die Äpfel und die Birnen.

MÜNTEFERING   Könn' wir da durcheinander schnippeln? Oder Äpfel und Birnen säuberlich separat?

MERKEL   Ja, alles durcheinander. Es ist ja ein Eintopf. Da kommt ja alles in einen Topf. Sagen Sie mal, Herr Müntefering, gucken Sie sich denn ab und zu Koch-Shows im Fernsehen an?

Merkel und Münte schnippeln Äpfel und Birnen.

MÜNTEFERING   Gärne mal, zwischendurch, wenn ich Zeit hab. So freitagabends, so *Lanz kocht* oder auch mal Tim Mälzer *Born to cook*: *Schmeckt nicht, gibt's nicht*, das guck ich schon gärn, ja. Die Gerichte interessieren mich häufig nich so sähr, das ist mir zu sehr schickimicki. Aber die Gäste, wenn die dabei so aus ihrem Alltag plaudern, das find ich schon sehr entspannend.

MERKEL   Ja, die reden ja manchmal einfach nur so dahin. So wie wir jetzt.

MÜNTEFERING   Und Sie, gucken Sie auch gärne Koch-Shows?

MERKEL   Ich guck sehr gerne Koch-Shows. Weil auch so wenig passiert. Wissen Sie, in meinem Leben, es passiert so viel um mich herum. Da ist es mal angenehm, etwas zu schauen, wo gar nichts passiert.

MÜNTEFERING   Ja, das ist richtig. Es muss nicht immer was passieren. Das Fernsehen ist zum Teil so schnell geworden, Szene und Schnitt. Und Cut, Cut, Cut und final Cut. Wie bei der SPD. Das braucht man nicht auch noch privat.

MERKEL   Wissen Sie, als Nächstes, glaube ich, kommen die Putz-Shows. Da schaut man dann zu, wie Menschen putzen. Und als Letztes dann die Schlaf-Shows. Da läuft dann gar nichts mehr, so wie das Aquarium im RBB in den 90er-Jahren. Das hat ja der Kohl so gerne gesehen. Herr Müntefering, aber jetzt mal zu einem ernsthaften Thema, das uns alle interessiert: Sie sind ja, Gott sei Dank, wieder Parteivorsitzender geworden. Das war ja ein abwechslungsreicher Tag für die SPD, wie so viele andere Tage auch.

MÜNTEFERING   Ja, getz' müssen wir erst mal chronologisch vorgehen. Eins nach dem andern: Ich hab also an jenem 7. September einen Anruf gekriegt. Und an diesem Sonntagvormittag war die gesamte SPD-Spitze versammelt am brandenburgischen Schwielowsee und hat da im Hotel rumgesessen zur Klausur. Aber ich nicht, ich war zu Hause. Ich war ja damals ohne Parteifunktion. Und um exakt 12.45 Uhr ruft der Steinmeier ganz aufgeregt an und sagt zu mir: »Franz, pass mal auf, ich meld mich hier vorm Landhaus Ferch, mobil, vom Parkplatz: Der Beck ist gerad vom Parteivorsitz zurückgetreten!« Ich sag: »Der Beck ist zurückgetreten!? Auf'm Parkplatz!?« Und er sagt: »Ja, auf'm Parkplatz!« Und ich sag: »Ja, warum nicht auf'm Parkplatz. Das sieht ihm ähnlich.« Da sagt der Steinmeier zu mir: »Willst du sein Nachfolger werden?« ... »Wieso, ich war doch schon sein Vorgänger. Was soll ich denn da sein Nachfolger werden?« Aber ich hab den Brraten natürlich sofort gerochen. Und ich hab gesacht: »Komm, gib mir zehn Minuten Bedenkzeit, ich ruf dich zurrück!«

MERKEL   Und in diesen zehn Minuten, was haben Sie da gemacht?

MÜNTEFERING   Ja, ich hab meinen Urlaub storniert. Gedenfalls hab ich exakt zehn Minuten später beim Steinmeier zurückgerufen. Und ich hab gesagt: »Frank! Frank Walter, ich mach's! Ich mach's!« Und er sagt: »Was? Was ist los? Die Verbindung ist so schlecht ...« Ich sag, »Frank, ich mach's, ich mach's«. »Was? Die Verbindung ist so schlecht. Was willst du denn sagen?« – »Ich mach's! Ich mach's! Mensch, Frank! Wann wir schreiten Seit an Seit!« – »Was? Du hast keine Zeit?« – »Frank, Frank, ich mach's! Ich steh mit sofortiger Wirkung zur Verfügung! Ich musste nur noch 'n Urlaub absagen.« – »Was, du musst absagen?« – »Nein! Ich musste nur noch 'n Urlaub absagen! Stornieren! Reiserücktrittsversicherung! Verstehst du!?« – »Was, die Verbindung ist so schlecht!« – »Verstehst du!? Absagen! Ich musste absagen!« – »Du musst absagen?« – »Nein! Urlaub absagen!« … Da ist die Verbindung abgebrochen!

MERKEL   Nein!

MÜNTEFERING   Doch!

MERKEL   Um Gottes willen!

MÜNTEFERING   Ja, das hab ich auch gesagt! Um Gottes willen! Das schönste Amt neben dem Papst! Was, wenn der Kelch getz' an mir vorübergeht und das jemand anders macht! Was weiß ich! Am Ende die Nahles! Beim Gedanken hab ich aber 'n Riesenschreck gekriegt! Ich sofort zurückgerufen! Kein Netz! Keine Verbindung! Zweiter Versuch! Nur die Mailbox drran! Wie kann ich denn getz' den Steinmeier erreichen, um ihm zu sagen, dass ich's mach! Sonst kann ich's nich machen! Dann macht's 'n anderer! Und ich sitz da zu Hause rrum!

MERKEL   In Sundern?

MÜNTEFERING   Ja! Nein, nicht in Sundern, ich wohn doch getz' in Bonn! Aber ist ja egal! Ich überlegt, wen kann ich getz' anrrufen. Hab ich im Handy nachgeguckt, im Adressbuch. Der Stolpe! Der Stolpe! Der wohnt doch in Potsdam! Den kann ich doch anrufen. Der kann doch schnell zum Schwielowsee rausfahren und dem Steinmeier Bescheid geben! Ich beim Stolpe angerufen: »Manfred, bist du's?« – »Ja, ich bin's.« – »Fahr zum Schwielowsee raus.« – »Wieso, ich bin doch gar nicht mehr Mitglied im Präsidium.« – »Pass auf! Frag nicht so viel! Schwing dich auf dein Fahrrad und düs da mal eben raus und sag dem Steinmeier Bescheid, ich mach's!« Also, lange Rede, kurzer Sinn: Der Stolpe aus seiner Auffahrt raus und in die Pedale getreten! Und der Steinmeier war ja immer noch auf'm Parkplatz! Und der Stolpe hat schon von Weitem mit den Armen gefuchtelt und geschrien, völlig außer Atem: »Ich mach's! Ich mach's!« … Und so war Manfred Stolpe für fünf Minuten SPD-Vorsitzender. Kürzer als der Platzeck.

Jahresvorschau auf 2009

Horst Evers, 2008

Erschienen 2 Monate bevor die Abwrackprämie erfunden wurde

Januar

Sitze am Frühstückstisch und bin müde. Unendlich müde. Es ist wie verhext. Wenn ich am Frühstückstisch sitze, bin ich müde. Wenn ich im Bett liege, habe ich Hunger. Immer am falschen Ort zur falschen Zeit. Denke, na, das Jahr geht ja gut los.

Wirtschaftsexperten haben herausgefunden, dass doch alles noch viel, viel schlimmer ist, als es schon schlimm war, als sie herausgefunden hatten, dass alles noch viel schlimmer ist, als es schon schlimm war. Schlimmste Rezession seit der Geburt von Johannes Heesters. Um die Autoindustrie zu retten, führt die Bundesregierung den Führerschein ab 15 ein.

Februar

Alle fordern von allen, sie sollen irgendwie, irgendwas machen, um die Konjunktur zu beleben. Um der Automobilbauzuliefererindustrie zu helfen, kauft die Bundesregierung 40 Millionen Autositze und verteilt sie an die Bevölkerung.

Unterdessen entschließt sich die isländische Regierung, den Staatsbankrott abzuwenden und die komplette Insel an Playmobil zu verkaufen.

März
Die Zeitungen schreiben: So viel schlimmer, wie es jetzt viel schlimmer ist, war es noch nie viel schlimmer. Zum Schutz der Autoindustrie verabschiedet die Bundesregierung ein neues Einwanderungsgesetz. Beim Kauf von zwei in Deutschland produzierten Autos erhält man eine doppelte Staatsbürgerschaft gratis. Führerschein jetzt ab 13.

Playmobil gibt bekannt, man plane Island komplett zu einer bunten Playmobilerlebniswelt umzubauen. Überall dort, wo es technisch möglich ist, soll aber auf Würde und Selbstwertgefühl der Bevölkerung Rücksicht genommen werden.

April
Führerschein jetzt ab 12. Als Soforthilfe für die Zulieferfirmen kauft die Bundesregierung 50 Millionen Sätze Winterreifen und verteilt sie an die Bevölkerung. Wenn man je 2 Reifen unter einen Autositz legt, hat man einen schönen Sessel. Ganz bequem, eigentlich.

Um die Konjunktur nicht weiter durch irgendwelche zu ehrgeizigen Klimaziele zu belasten, wird beschlossen, den Klimawandel insgesamt aufs Jahr 2028 zu verschieben. Fast alle Nationen stimmen zu. Nur Holland und die Malediven haben Bedenken.

Mai

Die Holzstuhlindustrie klagt: Durch die vielen verteilten Autositze sei ihr Absatzmarkt völlig zusammengebrochen. Die Bundesregierung kauft 80 Millionen Holzstühle und verteilt sie an die Bevölkerung.

Zur Belebung der Autoindustrie wird die KFZ-Steuer abgeschafft. Stattdessen führt man nur kurze Zeit später eine Anti-KFZ-Steuer ein, welche nun jeder Haushalt ohne Automobil zu entrichten hat. Führerschein jetzt ab 10.

Juni

Die Polstermöbelindustrie beschwert sich wegen der Gratisholzstühle. Die Regierung kauft 50 Millionen Polstersessel und verteilt. Erste Privathaushalte murren.

Für Belebung auf dem deutschen Arbeitsmarkt sorgt die Herstellung von 4 Millionen Plastikhelmen und Plastikuniformen für die isländische Bevölkerung.

Juli

Führerschein jetzt ab 9.

Nach dem Verschwinden der Malediven und weiter Teile Hollands, wird der Klimawandel weltweit als Schurkenwetter geächtet.

Die Anti-KFZ-Steuer wird ausgeweitet und gilt nun für alle Haushalte mit weniger als zwei Automobilen.

August
Der Unmut in der Bevölkerung über die Sitzmöbelschwemme wächst. Um die Notwendigkeit der vielen Sitzgelegenheiten zu unterstreichen, erlässt der Bundestag ein Gesetz, nach dem fortan jeder Bundesbürger täglich wenigstens 12 Stunden auf mindestens 8 verschiedenen industriell gefertigten Sitzgelegenheiten zu sitzen hat. Unnötiges Stehen wird mit einer Strafabgabe geahndet. Zur Überwachung dieser Sitzverordnung veranlasst Innenminister Schäuble weitgehende Gesetzesänderungen. An jedem bundesdeutschen Hintern wird wohl in Kürze eine Minikamera haften. Führerschein jetzt ab 8.

September
Die Wirtschaftsweisen verkünden: Doch alles nicht so schlimm. Die konsequente Absenkung des Führerscheinalters lässt die Kindersitzerhöhungsindustrie aufblühen. Zudem belebt die gestiegene Zahl von Blechschäden die Binnenkonjunktur. Die Werften freuen sich über die Aufträge für 20 riesen-riesengroße Vollplastikschiffe für die Playmobil-Piratenwelt auf Island.

Wohl durch diesen plötzlichen, unerwarteten Aufschwung kommt es zu einem geradezu historischen Wahlergebnis. Alle, wirklich alle Parteien erreichen exakt dasselbe Ergebnis wie vor vier Jahren. Ob durch Zufall oder einen Computerfehler bleibt unklar. Doch das Ergebnis gilt.

Gerhard Schröder lässt aus Moskau verlauten, er sei der eigentliche Wahlsieger.

Oktober

Die Wirtschaftsweisen korrigieren ihre Prognosen nach unten. Weit nach unten. Tatsächlich ist alles noch viel, viel, viel schlimmer, als es schon schlimm war, als noch alles viel schlimmer war. Überall in Deutschland gibt es Proteststeher.

Auch auf Island kommt es zu Protesten. Viele Isländer weigern sich, sich ausschließlich wie Playmobilfiguren mit steifen Armen, Beinen und Oberkörpern zu bewegen. Bilder von randalierenden Playmobilisländern gehen um die Welt. Playmobil bestellt 2000 lebensgroße Plastikpanzer bei Mattel.

November

Um nun doch auch endlich mal den Autobauern wirklich zu helfen, beschließt die Bundesregierung, die Notenbank, das Münzrecht und die Steuerhoheit auf den Verband der deutschen Automobilindustrie zu übertragen. Die Wirtschaftsweisen sind sehr skeptisch, ob diese Maßnahmen ausreichen werden und zeigen sich enttäuscht von der Mutlosigkeit der Regierung.

Dezember
Die Automobilindustrie nutzt die neu gewonnene Steuerhoheit und beschließt rückwirkend aufs Jahr eine Steuer auf alle Sitzgelegenheiten.

Playmobil ist das ewige Gezänk mit den Isländern leid. Sie verkaufen das Land an Madame Tussauds. In nur drei Jahren soll die komplette Insel zum weltgrößten Wachsfigurenkabinett umgebaut sein. Die Isländer bekommen die Playmobilschiffe geschenkt und sollen damit Piraten vor Somalia jagen.

Und ich, ich sitze immer noch am Frühstückstisch, schaue auf meine mit Autositzen, Winterreifen, Holz- und Polsterstühlen zugeschüttete Wohnung und bin müde. Unendlich müde.

4 Schwarz-Gelber Höhepunkt:

Von Eurokrisen, Westerwellen, Atomkraftwerken und Wenden von der Wende (2009–2012)

Garderobengespräch 2009
Christoph Jungmann, 2019

19.50 Uhr, Horst sitzt auf dem Stuhl neben der Garderobenstange und liest Tschick, *Bov schaut auf seine Texte, Hannes zieht seine Krawatte nach, Christoph schminkt sich.*

HANNES   Ich würde die Passage mit Torsten Albig ungerne rausnehmen, ich hab jetzt schon das mit Stegner gestrichen.

CHRISTOPH   Aber Hannes, Albig kennt in Berlin wirklich kein Mensch.

BOV   Wie hat's eigentlich Bürkners gefallen?

HANNES   Gestern kam das aber ganz gut an. Die Leute waren zwar ruhig, haben aber zugehört und gelächelt. Und Albig hat sich mit 52,1 Prozent bei der Kieler Oberbürgermeisterwahl durchgesetzt. 52,1 Prozent! Aus dem wird noch was in der SPD!

CHRISTOPH   Gut.

HANNES   Wie – gut?

CHRISTOPH   Es hat ihnen gut gefallen.

BOV   Nicht mehr?

CHRISTOPH   Nee. Ah, doch. Es hat ihnen besser gefallen als letztes Jahr.

HANNES   Vielleicht sollte ich doch die Stelle mit Angelika Volquartz wieder reinnehmen.

BOV   Dann hat's ihnen letztes Jahr gar nicht gefallen.

CHRISTOPH   Das haben sie nicht gesagt.

BOV   Die sind auch ganz schnell gegangen.

HORST   Wo bleibt eigentlich Manfred?

BOV   Dabei wollten sie eigentlich warten. Wahrscheinlich fanden sie's furchtbar.

HANNES   Hat morgen Abend jemand Gäste? Ich müsste neunzehn Plätze für meine Seniorentheatergruppe, meine Nachbarn aus dem zweiten Stock und für Fliegels reservieren.

HORST *(steht auf und beginnt sich umzuziehen)* Waren denn Bürkners gestern da?

Hannes' Handy klingelt.

HANNES   Ja?

Manfred kommt in die Garderobe.

HORST   Ganz schön knapp, Herr Mauersberger.

MANFRED   Ich musste in meiner Health-App noch auf zehntausend Schritte kommen.

HANNES *(beendet Telefonat)*   Einundzwanzig Plätze.

MANFRED   Ich muss in der Pause noch mal raus.

HANNES   Hickis Eltern kommen doch mit.

MANFRED   Christian ist übrigens sauer. Da sind wohl zwei Karten auf Barfeld reserviert, die kamen aber zu sechst.

CHRISTOPH   Oh, Mist, vergessen. Und Plätze abgeklebt hab ich auch nicht.

MANFRED   Die sitzen jetzt alle auf dem Tresen. Ist total voll.

HANNES   Da hatte ich doch für Freunde von den Großeltern der besten Freundin von meiner Tochter abgeklebt. Sind die nicht gekommen?

HORST   Auf dem Tresen?

HANNES   Hinter'm Klavier, Mülltonne und Tresen.

MANFRED   Wie hat's eigentlich Bürkners gefallen?

HANNES   Gab nichts mehr anderes.

Guido Westerwelle: 15 Prozent!

Hannes Heesch, 2009

Liebe Wählerinnen und Wähler, jawohl, ich verwende diese Anrede ganz bewusst, weil Sie zu diesem fantastischen Wahlergebnis der Äf De Pe beigetragen haben, und wir, wir freuen uns, ich bin immer noch unendlich glücklich und dankbar, dass Sie, die Bürgerinnen und Bürger dieses Landes, uns freiwillig Ihre wunderbare Zweitstimme geschenkt haben! Und wir von der Äf De Pe, wir freuen uns, dass wir nun mit unserer exzellenten Arbeit in dieser herausragenden Regierungskoalition mitwirken können für unser wunderbares deutsches Vaterland, und unsere Regierung leistet unendlich viel, meine Damen und Herren, und ich freue mich immer noch jeden Morgen, wenn ich als Repräsentant des gesamten deutschen Volkes für Sie, meine Damen und Herren, stellvertretend aus dem Bett steige, und nach einem guten Frühstück vor Freude abhebe und herumfliege in der Welt, um für Sie, verehrte Bürgerinnen und Bürger, meine Antrittsbesuche zu bewältigen. Deswegen fordere ich Sie auf, meine Damen und Herren, freuen Sie sich doch wenigstens ein bisschen mit mir mit, ich freue mich doch auch!

Von der Äf De Pe lernen heißt siegen lernen! Veni, vidi, vici! Wie unsere beiden altliberalen radikalen Humanisten aus der Achtundvierziger Revolution Thomas Dehler und Erich Mende – von wegen Achtundsechzig – es formuliert hätten! Ja, meine Damen und Herren! Reden ist Silber und Schweigen ist ... Ach was, Reden ist Silber und noch mehr Reden ist blau-gelb!

Und deshalb rufe ich Ihnen zu: Kommen Sie an in der Realität, wir von der Äf De Pe, wir haben 15 Prozent, kommen Sie an in der Realität! 15 Prozent! Das ist ... ganz viel! Aber, meine Damen und Herren, ich bleibe auf dem Teppich, obwohl ich vor Freude platzen könnte! Und das kann ja täglich passieren! Zum Beispiel bei einem Truppenbesuch in Afghanistan! Und allein der Gedanke daran macht mich unendlich traurig, dass Sie, die Bürgerinnen und Bürger, mich, den Außenminister und Vizekanzler dieser großartigen Regierung, viel zu früh verlieren könnten. Wie damals bei Kennedy, ... obwohl, so gut war der ja gar nicht. Und das ausgerechnet jetzt, wo die Steuern sinken, wo doch einer den Karren ziehen muss, für unser Land, für unser wunderbares Land, für ein einfacheres, ein niedrigeres, ein gerechteres, ein wunderbares Steuersystem!

Du kannst es – Rede an Sarrazin
Manfred Maurenbrecher 2010

Du kannst es. Guck nicht so müde, du weißt es auch. Die von vor den Kulissen sind hinter dir. Das passiert selten, so populär wie du werden wenige. Da stört nicht mal dein ewiges Also zwischen den Sätzen, oder dass du manchmal den Faden verlierst beim Reden: Dann denken die von vor den Kulissen, du bist einer wie sie. Dazu das vorgereckte Kinn, die nervös verschränkten Arme, genau die richtige Mischung aus Verkrampftheit und Trotz, Streitsucht und Pfeifen im Walde. Das alles empfinden die auch. Kleine Angestellte, tief verunsicherte Lehrer, geleaste Bauarbeiter, frisch insolvente Boutiquenbesitzerinnen. Wer halt noch glaubt, was zu verlieren zu haben. Zahlen und Reizworte, das genügt, dazu dein knurriger Ton mit jedem, der widerspricht: ›Sind Sie blöde? Ha'm Sie überhaupt promoviert?‹ Da reihen sie sich dann begeistert hinter dir auf und fühlen sich in deinem Schatten klug wie du. Angeekelt vom Pöbel. Und sooo mutig. Du lebenslanger Beamter – sooo mutig.

Sah lange aus, als könntest du das auf Dauer nicht verbergen, dass du die Menschen nicht magst – die meisten jedenfalls, also dich selber schon, aber sonst … Man hatte gedacht, das müssten die eigentlich spüren – aber sie waren ja keine Hartz-IVler, die prima von Plastikfraß leben sollen, waren ja keine Kopftuchmädchen, die Obstkarren bis zur Zwangsheirat schieben, oder Gutmenschen-Trottel, die Ehrenämter annehmen. Umso schärfer fanden sie deine Sprüche. Der Praxisarzt mit dem geschrumpften Einkommen. Der Sozialingenieur mit dem Burn-out-Syndrom. Die Hotelfachfrau mit keiner Chance mehr auf einen tariflichen

Arbeitsvertrag. Die brauchen dich. Bzw.: Wir brauchen dich, damit du sie ablenkst. Deshalb bin ich hier.

> Führ du die Lichterkette an, mach du die Spitze der Bewegung,
> irgendwer ist dran damit, es geht nicht weiter in der alten Richtung,
> die alte Garde schafft es nicht, wir brauchen freie Fahrt und Vollgas für den Aufschwung – mach du die Drecksarbeit, du kannst es, wag dich aus der Deckung.

Du bist nicht unsere Idealbesetzung, aber dir macht das Ganze Spaß, und das ist das Wichtigste. Das wirkt überzeugend. Was hier gerade abläuft, ist doch nur ein Anfang, und das weißt du auch, oder? Da sind jetzt überall so kleine Feuer aufgestellt, die glühen noch jedes für sich, aber das bleibt natürlich nicht so. Die Tariflöhne weg, gesetzliche Krankenkassen weg, Kündigungsschutz und offene Bildungszugänge weg, Gewerkschaften – was waren sie nervend ein Jahrhundert lang –, noch ist das Zukunftsmusik, aber da muss jetzt nur mal ein richtiger Wind dran, dann kommen diese Feuer sich alle gegenseitig besuchen. Und dann muss einer da sein, dem die Leute vertrauen. Den sie für unbestechlich halten. Und der dann auf die krassesten Verlierer zeigt und sagt: ›Die sind schuld. Solang wir die mit uns rumschleppen müssen, wird's uns allen mies gehen.‹ Das turnt an. Mehr als jedes einschüchternde Gerichtsurteil, Wut ist immer besser als Angst. Das bringt echte Leistung, dann schuften die Leute wieder, auch wenn sie keinen Horizont mehr sehen. Bloß kein Versager sein – damit kriegst du sie zu jedem Scheiß. So wie jetzt schon zu dieser erbärmlichen Freundlichkeit an allen Verkaufstresen. Der Westerwelle hat die Richtung ja schon mal vorgegeben, aber der fand einfach den Ton nicht. Der kippt dann immer wieder über in so ein tuntiges Gebelle, dem glaubt man einfach nicht, dass er rechtschaffen ist. Dir glaubt man das – ja, jetzt müssen wir beide grinsen, aber – du weißt es selbst, du giltst für unbestechlich, du Verwaltungskarrierist, ja: Ist doch so …

> Führ die Lichterkette an, mach du die Spitze der
> Bewegung,
> irgendwer ist dran damit, es geht nicht weiter in der
> alten Richtung,
> die andern trau'n sich nicht, mach du die Auslese,
> sorg für die freie Fahrt zum Aufschwung – mach du
> die Drecksarbeit, du kannst es, komm noch weiter
> aus der Deckung.

Wenn du nur nicht so angespannt wärst. Das war doch gar kein Fehler, das mit dem Juden-Gen, das war dein purer Instinkt. Ich weiß, dein Kopf hat dicht gemacht dabei, aber genau das war gut. Sei locker, sei du selbst. In einem deutschen Interview einfach mal »die Juden« sagen, das ist die pure Souveränität. Das macht dich zum Rebellen. Natürlich heulen die Profi-Korrekten dann auf, aber achte mal auf die jüdischen Islamgegner: Du darfst. Für die gute Sache! Man schmeißt dich aus deinen Ämtern? Dann darfst du doch noch mehr! Bisschen blöd war höchstens, dass du bei der Bundesbank gleich deren Rente angenommen hast, da schlug die kleine Beamtenseele dann doch wieder durch. Da musst du dich jetzt mal entscheiden: Wir bieten dir auf Dauer viel mehr! Wer wir sind? Bleib cool: Wir sind viele. Du weißt doch, dass in der NPD-Führung z. B. zur Hälfte der Verfassungsschutz sitzt. Und in den anderen Parteien? Sei dir ganz sicher, es sitzen überall, in allen Institutionen, Fraktionen, Parteien hier welche rum mit der festen Überzeugung, dass es zu Ende geht mit unserer politischen Klasse hier und dass es – zum Schutz der Verfassung und natürlich der Wirtschaft – sehr praktisch wäre, wenn bald einer kommt und die Menschen einschwört auf eine Kampfzeit, ganz zivilisiert, aufklärerisch, bürgerlich, der Initiator einer Protestbewegung gegen die Fremden und Armen (die FDP wird das nicht mehr sein, das ist schon mal klar, und einen richtigen Charismatiker können wir uns ja so schnell nun auch nicht backen) – aber wer immer das hinkriegt, der hat nachher zumindest ausgesorgt. Also, ich will dir jetzt keine Milliarden versprechen – nur eins: Dass, wenn du stillhältst, irgendwann mal kein Hahn mehr nach dir kräht – und das, schätz ich, würd'st du nicht aushalten, dass irgendwann mal kein Hahn mehr nach dir kräht, du Bestsellerautor, du selbstverliebter Phrasendrescher in dieser Mischung aus Ekel Alfred und Professor Unrat, also komm –

> führ du die Lichterkette an, mach du die Spitze der Bewegung,
> irgendwer ist dran damit, es geht nicht weiter in der alten Richtung,
> sag du, wer unwert ist und wer dazugehören darf beim nächsten Aufschwung – mach du die Drecksarbeit, du kannst es, komm noch weiter aus der Deckung.

Ja, okay, Haider sah besser aus als du ... aber ich hoffe doch, du fährst besser Auto als Haider ... und du bist nicht allein, du hast Mitkämpfer, Alice Schwarzer z. B. – die ist auf ihre Art so zäh wie du – und wandlungsfähiger – nicht so deine Stärke, du bist mehr so der Pfennigfuchser und Zahlendreher, ich weiß – aber okay, die Leute lieben dich so, wie du bist, also was soll's, du kannst es ...

Eyafjallajökull

Text: Horst Evers, Gesang: Alle 2010,
Vorlage: Satellite / Lena Meyer-Landrut

Im bankrotten Island da
stieg ganz leise im Frühjahr
weißer Nebel wunderbar
in den Himmel hoch.

Nischte fliegt von hier nach da,
und fast in ganz Europa
freu'n sich die Taxifahra,
fahr'n von Berlin bis nach Oslo.

Asch, oh Asch,
unser Himmel hängt voll Asche,
wegen Ey, oh Ey-
Eyafjalla-jö-hu-kull.

Eyjafjall- jö
ku-huu-hull oder so ähnlich,
und alle spekulier'n,
wie man das wohl richtig schreibt.

Um die Flughäfen war nu
für zwei Tage auch mal Ruh,
gute Luft gab's noch dazu.
Viele hamm gegrillt.
Der Fluglotse hat früher Schluss,
ohne dass er streiken muss,
Frau Merkel fuhr im Reisebus.

(MERKEL:)   »Wir hamm da Skat gespielt!«

Asch, oh Asch,
unser Himmel hängt voll Asche,
wegen Ey, oh Ey-
Eyafjalla-jö-hu-kull.

Eyjafjalla-jö
ku-huu-hull, so heißt der Vulkan,
und im Prenzlauer Berg
nennt man bald wohl Kinder so.

Ey, oh Ey,
Eyafjallajökull,
doch Schrei, Geschrei
gibt es hier anderswo.

Schönefeld, gemauschelt,
da werden Flugrouten erstellt.
Doch Flieger fliegen laut.

Wenn einer hat Villa,
dann will er Lärm über Villa nich',
dann is' ihm Villa versaut.

Menschen rund um Schönefeld
sammeln deshalb heimlich Geld,
Baupläne werden erstellt
für 'nen künstlichen Vulkan.

Und dann, ja dann
machen sie ihren Vulkan an,
immer dann, ja dann
wenn sie Ruhe haben woll'n.

Rund um Schönefeld
Will jeder Ort einen Vulkan hamm,
und ist zu viel Lärm,
hauen sie die Asche raus.

Asch, oh Asch,
der Himmel hängt voll Asche,
wegen Ey, oh Ey-
Eyafjalla-jö-hu-kull.

Ey, oh Ey,
Eyafjallajökull,
und im Prenzlauer Berg
nennt man bald wohl Kinder so!

Der Lichtenberger: Steglitz
Manfred Maurenbrecher, 2010

Neuerdings dreh ich morgens früh oft eine Runde. Weil mir langweilig ist. Meiner Enkelin geht es genauso, nur zieht sie stundenlang durch die Nacht.

Morgens begegnen wir uns im Flur. Ich frage: »Na, wieder mal Mitleids-Kreise gedreht?«, und sie antwortet: »Falls du jetzt Midlife-Crisis sagen wolltest, Opa, die kommt bei mir viel später. Das merkst du dann gar nicht mehr. Dann bist du schon voll dement.«

Nette Worte. Draußen hupt die Alarmanlage eines dieser Monsterfahrzeuge, die neuerdings hier im Viertel auftauchen. Wie früher die Nachtwächter geben sie alle fünf Minuten ihr Warnsignal ab. Während der neureiche Fahrer mit Schlafmaske seinen Rausch auspennt. »Na, einen Coffee to go«, fragt die Aushilfe in der Eckbäckerei und löst einen Plastikbecher vom Halter. »Malventee«, sage ich leise, weil ich weiß, dass es Tee noch in echten Tassen gibt. »Und ein paper to read.« Ich zeige auf den Zeitungsständer, aber das versteht sie nicht. Mein Englisch ist ja mit jedem elektronischen Gerät, das ich hatte, nur besser geworden. Ich mache mit dem Smartphone ein Foto von ihr, dann ziehe ich weiter zum Rodeliusplatz, Finanzamt für Körperschaften, die fangen immer noch im Morgengrauen an. »Was sind eigentlich Körperschaften«, frage ich den Pförtner, der vor der Tür steht und raucht. Und der fragt: »Sehen Sie was?« Ich schüttle den Kopf. »Na sehen Sie. Das sind Körperschaften. Gespenster sind das, Gebilde und Zahlen, meist rote ...« – »Na, das wollen wir aber auch hoffen hier in Lichtenberg«, nicke ich verständnisvoll und mache auch von ihm ein Foto. Im Weitergehen fällt mir auf, dass ein junger lockiger Mann ihn anspricht und der Pförtner abwehrt. War diese Locke nicht schon in der Bäckerei?

Je mehr man sich Richtung Rathaus und Ringcenter vorarbeitet, desto mehr stülpt sich die internationale Fremde über unser Viertel. Fahrradrikschas, Ciabatta-Happen, Werbezettel-Punks, solarbetriebene Dachgeschosse. Die neue Stadt wie ein Riesendampfer, der seine Wellen voraus wirft. Nicht mal den Ostalgieramsch gibt es hier noch, der mal Mode war. Was davon ist noch meins? Ein Schild ›Freiheit für alle‹ – mein eigener Handytarif. Der Verkäufer, den ich unter seiner Parole fotografiere, läuft mir dann nach. Zeigt auf den Lockigen, der in der Menge verschwindet. »Wissen Sie, was dieser Herr mich gerade gefragt hat: Ob er Sie in meinem Namen wegen des Rechts am eigenen Bild abmahnen dürfte?« Ich verstehe kein Wort. Weiß nur, dass ich wegwill. Irgendwo ganz nach innen, um wieder raus zu sein. Irgendwo in die Fremde, um wieder zu Haus zu sein.

Ein paar Tage später sitzt ausgerechnet dieser Lockenkopf bei uns zu Hause und frühstückt. Meine Enkelin hat ihn nachts aufgelesen. Ich fotografiere ihn und frage dann: »Ist jetzt die Abrechnung fällig?« Er lacht verlegen: »Abmahnung. Dafür geht es mir heute früh einfach zu gut. Da will ich nicht gleich beruflich werden.« – »Was sind Sie denn? So was wie ein Knöllchen-Polizist?« – »Ich bin Anwalt. Und uns Anwälten geht es wie den Taxifahrern, wir sind zu viele.« »Und nur die cleversten kommen ans große Geld«, ergänze ich verständnisvoll, »wie bei den Ärzten, wo die begabtesten ja anthroposophische Schönheitschirurgen werden, weil man nur damit ordentlich Kohle macht. Aber jetzt wird das Gesundheitssystem so umgebaut, dass auch der Schönheitschirurg sich mal was anderes leisten kann als ewig Brüste erweitern. Bald wird ein Blinddarm so lukrativ sein wie ein fettabgesaugter Arsch« – »Und der Mediziner kann wieder dem Volke dienen«, ergänzt der Lockige ernst, »so wie wir Anwälte dank der Abmahnjobs. Der Staat sorgt für uns.«

»Wo stehst du politisch, Junge?«, frage ich. »Ich war erst Maoist, später Grüner, jetzt bin ich mehr für mich selbst.« – »Klingt nach 'ner logischen Entwicklung«, knurre ich und muss grinsen, »aber meinst du es ernst?« Er streckt mir die Hand hin: »Ja. Und so heiße ich auch.«

Zwei Tage später nimmt mich die Enkelin beiseite und meint: »Ich glaube, es wird ernst mit Ernst.« »So schnell?«, frage ich etwas beunruhigt. »Opa, was lange währen soll, muss schnell gehen – hast du doch immer gesagt.« Manchmal nerven mich meine eigenen Sprüche. »Nur ein Zimmer ist jetzt zu wenig«, stellt sie fest, »Ernst kann seins ja schlecht mitbringen aus Steglitz.«

Steglitz. Ich schau mir das erst mal auf Google Earth an. Stoße mich vorsichtig ab bei uns, die Weltkugel wird kurz ganz klein, und lande dann in diesem fremden, fernen Steglitz. Berliner Südwesten. Nicht dass ich Berührungsängste hätte, ich war nur noch nie da. Sieht auf Street View nicht uninteressant aus, Heese-/Ecke Südendstraße, schick schon mal überhaupt nicht. »Die Leute rauchen dort auf der Straße«, sagt Ernst angewidert, »und sie trennen keinen Müll.« »Er kämpft für ein rauchfreies Europa«, erklärt die Enkelin stolz, und ich denke: Vielleicht gar nicht mal so übel, dieses Steglitz.

Wir sitzen beim Abendbrot. Ernst sagt: »Ich muss dann mal auf Arbeit.« Er hält ein handygroßes Messgerät in der Hand. »Damit sucht er jetzt nach offenen WLANs«, erläutert die Enkelin, »mit dem Gerät findet er die Halter und die mahnt er dann ab. Offene WLANs sind nämlich verboten«, weiß sie, »wegen der Pornografie und so.« – »Gut, dass bald alles verboten ist, zumindest im Internet. Nur das Schnüffeln danach bleibt erlaubt«, sage ich, »und ich dachte, das hätten wir hinter uns.« – »Was wir hinter uns haben, liegt vor uns – hast du doch immer gesagt ...« Ich mache ein Foto von den beiden und geh auf die Reise.

Von dem kleinen Balkon in Ernsts Wohnung in Steglitz schaut man auf eine Bäckerei, die mit Glühwürmchenlicht um sich wirft, wenn es dunkel wird. Drinnen steht: Bon Appetit, Dolce Vita und Carpe Diem. Nichts Englisches. »Drushba würde noch passen«, sage ich zu der schmalen Verkäuferin, die eine Zigarette hinter'm Rücken versteckt hält. Sie bringt mir Filterkaffee in einer echten Tasse. Kaffeesahne ist aus. Ich fühle mich daheim wie daheim. Habe kaum Zeugs mitgenommen, wohne im Leeren, es gefällt mir so.

»Ich bleib weg«, schreibe ich dem jungen Paar. Meine Enkelin simst zurück: »So schnell?«, aber ich antworte nicht mehr. Ich erkunde die Gegend, laufe durch die Selbstständige Politische Einheit. So viele kleine Geschäfte, das alte Westberlin, wo keiner Angst haben musste, ganz unterzugehen. Wie bei uns damals. Es war der Pfahl im Fleisch, es war unser liebster Feind, und deshalb ist es mir jetzt viel näher als der moderne Riesendampfer, der natürlich auch hierhin vom Zentrum her vordringt. ›Rauchfreies Europa – ganz großes Tennis‹, simse ich dem jungen Paar und drucke alle Fotos aus, die ich bisher gemacht hab. ›Abgemahnte Gesichter‹ könnte die Ausstellung heißen.

»Was war das für tolle Musik gestern Nacht«, fragt mich die schöne Bäckerin am nächsten Morgen. Sie wohnt unter mir. »Oh, meine Ernst-Busch-MP3s, war es zu laut?« »Überhaupt nicht. Erinnerte mich an zu Hause. Mein Vater war Fahrdienstleiter bei der Westberliner S-Bahn. ›Du bezahlst Ulbrichts Stacheldraht‹, schrieben die Nachbarn an unsere Wohnungstür. Und jetzt«, ruft sie, schließt den Laden einfach ab und hakt mich ein, »jetzt zeige ich Ihnen die Schlossstraße, die ist so hässlich, es schüttelt einem das Herz vor Glück.«

Wir betrachten ein leer stehendes Hochhaus, das Kreisel heißt, prächtig in seinem Asbestverfall, wir staunen über die Restruine vom Kaufhaus Wertheim. Dann dreht die Bäckerin mich an der Schulter, hält mir kurz die Augen zu und ruft: »Überraschung!« Und zwischen ›Freiheitfüralle‹-Handys und Billigkaffeeramsch sehe ich – den Bierpinsel.

Zum ersten Mal. Einsam dastehen. König aller missratenen Bauten. »Ich vergleiche ihn immer mit Neuschwanstein«, jubelt sie, »als ich noch beim Finanzamt war, kam ich täglich im Morgengrauen hier vorbei, und so schlecht ich auch gelaunt war, dieses Betonmonster hat mich jedes Mal zum Lachen gebracht.« – »Finanzamt?«, frage ich. »Finanzamt für Körperschaften am Funkturm.« – »Was sind eigentlich Körperschaften?« Ich schaue die Bäckerin an. »Na, dazu ist es jetzt noch zu früh«, lacht sie, »von der Uhrzeit her und vom Kennenlernen auch. Wir siezen uns schließlich noch.«

Abends hören wir dann Musik und löffeln Rumtopf. »Was denkst du«, fragt die Bäckerin. Ich sage: »Manchmal muss man wohl durch ʼne Krankheit, um wieder auf Posten zu sein, und manchmal muss man ziemlich weit westlich, um wieder im Osten zu sein.« Aber dann tutet die Alarmanlage von einem dieser Monsterautos draußen. ›Mach dir nichts vor‹, denke ich. Und sie sagt: »Lass deine Sprüche mal stecken.«

Der Lichtenberger: Alles muss raus
Manfred Maurenbrecher, 2011

Sie freut sich, als sie mich kommen sieht. Wir stehen am Eingang zum Steglitzer Friedhof, seltsame Trauergäste um uns herum. Ich sage: »Was geht mich dein verstorbener Onkel denn eigentlich an?« Sie bläst mir ihren Zigarettenrauch ins Gesicht: »Bin neugierig, ob du dich traust. Was du für Worte findest dafür.« Ich zeige auf eine Gruppe fein bemäntelter Herren und abseits davon einen Haufen junger Leute mit rasierten Schädeln und Stiefeln. »Dafür?«, frage ich leise.

Sie nickt. Marie, meine Steglitzer Bäckerin, wir haben es ein Jahr lang miteinander versucht, jetzt hat sie mich gut im Griff. »Guck mal, vielleicht kannst du das in deiner Rede verwenden, da an der Friedhofswand«, ruft sie. »Löschwasserentnahmestelle?«, frage ich, aber dann folge ich ihrem Finger und lese: »Was wir sind, waret ihr, was ihr seid, werden wir.« Na ja, dialektisch geht anders.

›Und alles muss raus‹, ergänze ich in Gedanken.

»Ziemlich bunter Hund, mein Onkel Josef«, hatte Marie vor Monaten erzählt, »Geld hat er, jobbt für den Staat, verrät nie, als was eigentlich …« – »Kommt mir vom Berufsbild her bekannt vor«, nickte ich. »… hat viel mit jungen Leuten zu tun«, fuhr sie fort, »ultrarechts als Beamter, eigentlich unglaublich.«

Ein paar Wochen später stand dieser Onkel vor der Tür seiner Nichte, und ich freute mich, dass ich gerade anwesend war. »Oho, der rüstige Kader aus Lichtenberg«, rief er, ein kleines Männchen, das mir die linke Hand hinstreckte, »viel von Ihnen gehört, mit Marx- und Engelszungen wirken Sie auf meine rote Marie ein!« – »Sie kriegt das volle Programm, sogar Stalin«, knurrte ich und fragte gleich, für wen er denn arbeite. »Nennen wir es ein Beschaffungsamt«, grinste er. »Genauso haben wir das auch umschrieben«, gab ich zurück, und wir zwinkerten uns zu.

»Dein Onkel Josef war erstaunlich offen zu mir«, erzählte ich Marie später und drehte ihr ein paar der Zigaretten, die sie am Abend rauchen würde, ich bin ihr gern nützlich, »er führt V-Leute in der rechten Szene und als Zweitberuf managt er Künstler.« – »Verrückter Kerl«, sagte sie, »er macht was?« – »Produziert Nazi-Bands.« Sie schüttelte ihren Kopf: »Muss er die nicht eigentlich auseinandernehmen als Verfassungsschützer?« – »Du machst dir falsche Vorstellungen vom Geheimdienst«, erklärte ich, »man muss eine Szene, die man bekämpfen will, doch erst einmal aufbauen. Wir zum Beispiel haben noch '89 die ostdeutsche SPD hochgezogen.« »Da wart ihr aber spät dran«, grinste sie, »außerdem steile These: Ohne Geheimdienste hätte es die DDR-Bürgerrechtler so wenig gegeben wie heute unsere Faschos?« – »Kann ich nicht beweisen«, räumte ich ein, »aber der Staat wüsste nicht so Bescheid.« – »Spar dir dein Zigarettendrehen«, lachte sie, »ich hab noch Schachteln auf dem Balkon.«

An dem Abend war ich in die alte Wohnung zurückgefahren, meine Enkelin hatte mich angefordert. Sie jobbt als Hostess in einem DDR-Nostalgie-Hotel am Ostbahnhof, und wenn sie mal kränkelt, übernehme ich den Job. Wir sprachen nicht viel miteinander. »Alles gut«, rief sie, als ich ankam, und ich gab ihr das im gleichen trotzigen Ton zurück. Dann fügte ich noch hinzu: »Appetit hast du aber, wie man sieht.« Ich staunte, wie rund sie geworden war. Jeder schnauzt heutzutage jeden an mit diesem ›alles gut‹ – wozu dann noch reden? Hätte sie gesagt: Ich bin schlecht drauf, die Welt nervt – dann hätte ich vielleicht geantwortet: Klar, aber rasend nervt sie, rasende Kellerfahrt, befreite Zonen der Nazis, aber auch Occupy, aber auch kurz vor dem Crash, meine Liebe, irrer als in den Tagen von Krenz, es ist doch großartig, wie die Welt nervt, und alles muss raus, raus, raus, raus …

Aber ich sagte gar nichts. Steckte die Hände in die Hosentaschen und etwas von dem uralten, leichten Geld noch dazu. Und als ich im Ostalgiehotel das erste junge Pärchen am Wickel hatte, ein spanisches, glühend vor Großstadterregung, knallte ich ihnen ein paar dieser alten Ostmark-Münzen als Wechselgeld auf den Tresen. Die wussten gar nicht, was das ist. Ich fragte: »Arbeitslos, employless?« Natürlich nickten sie. Ich legte noch fünf Mark nach. »Take it and keep it«, drängte ich, »das ist die Bodenwährung, the bottom of Europe, believe me, darauf fällt demnächst alles zurück. Ostmark und Gemüseanbau. The new Morgenthau!«

Sie lachten, obwohl sie mich nicht verstanden.

Ein paar Tage später brach die Informationsflut los über das, was man bis dahin immer die ›Döner-Morde‹ genannt hatte. Eindeutig geplante Taten, die schon seit anderthalb Jahren in einem Hit einer Faschoband von der Naziszene gefeiert worden waren. Nur bei Polizei und Staatsanwaltschaft hatte niemand davon gewusst.

»Ich glaube, von dem Lied hat er sogar mal erzählt«, sagte Marie beim Tee. »Er meinte, besser, die jungen Leute singen von den Verbrechen, als dass sie sie begehen.« – »Jetzt sieht es so aus, als hätten sie beides geschafft«, ergänzte ich. »Ich glaube«, sagte Marie, »auf dem Amt, wo der Onkel Josef jobbt, da sorgt man dafür, dass eher mal ein kleiner Gemüsehändler hopsgeht als die Insassen eines Luxushotels. Aber Terror? Meinst du, er hat sie auch angestiftet? Und warum hat diese Bande bloß keiner gestoppt?« – »Weil offiziell keiner von ihr wusste«, rief ich, »zum Beispiel dein Onkel wusste davon als Musikproduzent und als Sympathisant, das schon, aber nicht als Verfassungsschützer. Als dieser durfte er deshalb aus dem Lied auch gar keine Rückschlüsse ziehen. Dann hätten ja seine V-Leute das Vertrauen verloren. Und der Staat hätte kein Insiderwissen mehr gehabt.« Sie sah mich an wie einen Irren. »Dreh mir ja keine Zigarette«, drohte sie, »und versuch nicht, mir diesen Schwachsinn noch weiter zu begründen!«

Ein paar Tage später war Maries Onkel dann tot. Selbstmord. Mitarbeiter vom Amt hatten gerade bei ihm geklingelt, er hält den Türknauf noch in der Hand, da sieht er die Kollegen, zieht einen Revolver und erschießt sich vor ihren Augen.

»Türknauf in der Hand, zieht Revolver? Josef war einarmig, verdammte Scheiße!«

Immer wieder ist mir bei Westberlinern dieser idealistische Trotz aufgefallen. Nicht abgekocht genug, diese Leute.

»Einarmig war er, dein Onkel«, stimmte ich zu, »als Einarmiger hat dich die Not aber auch erfinderisch gemacht. Etwas akrobatische Selbstbeherrschung, etwas Einfühlung ins

Unausweichliche …« – »Ich weiß nicht«, überlegte Marie, »redest du so, weil du mich ärgern willst, oder bist du so ein abgekochter, zynischer Miesgram?« Ich mochte sie schon allein wegen solcher Worte. Und ich wusste, sie hatte recht. Marie sieht die Dinge klar und direkt. So, wie man sie sehen können muss. Wenn man sie ändern will.

Ich sagte: »Ich bin nicht abgekocht. Und wenn, sind das alte Flammen. Gib mir deine neuen! Alles muss raus!«

Jetzt stehen die stilvoll bemäntelten Herren um das offene Grab des Onkels auf dem Steglitzer Friedhof, legen einen Kranz ab, ein Graumelierter spricht schnell ein paar Sätze: Treue zum Amt, musische Hobbys, tragisches Ende. Er macht das leise, denn er will nicht, dass die Glatzen, die ein wenig abseits bleiben, ihn reden hören. Marie nickt mir auffordernd zu.

Von weit weg sehe ich eine junge Frau zwischen den Gräbern, es könnte die Enkelin sein. Sie hat mir vor zwei Stunden telefonisch eine Überraschung angekündigt. Ich hole tief Luft und sage laut zu den Glatzen: »Einer ist tot. Getrauert wird aber um zwei. Die da drüben beklagen den Verlust eines Mitarbeiters ihrer Behörde. Verfassungsschutz. Euch haben sie den Kamerad Josef umgelegt. Schön blöd, wenn man auf Spitzel reinfällt. Blöder noch, wenn man sich von den Spitzeln sagen lässt, was man tun soll. Und am blödesten, dass jeder Vierte von euch, der hier rumsteht, selbst wieder Spitzel ist. Befehlsempfänger der Herren da drüben. Geradezu großartig, wenn es nicht so abgrundtief traurig wäre.«

Bedrohlich drängen die Nazis in unsere Richtung. »Hoy hoy hoy«, röhren sie. Ich schaue in Maries leuchtende Augen und suche nach einem Schlusssatz. Ich denke: ›Nichts wie raus.‹ Da biegt meine Enkelin um die Ecke. Hält ein Bündel an der Brust. Das Bündel plärrt. Die Glatzen ducken sich vor dem Schwung einer jungen Mutter. Ein paar von ihnen umzingeln jetzt die fein bemäntelten Herren. Meine Enkelin legt mir das Bündel in den Arm.

»Das ist dein Urgroßvater«, erklärt sie ihm. Ich will ihr das eigentlich sofort zurückgeben und stottere: »Ich dachte, du wärst einfach ganz normal schlecht drauf«, aber sie grinst: »Opa – schlecht drauf sein, das ist doch das Beste, was einem passieren kann, oder?«

Weiter weg hört man Faustschläge auf Körperflächen niedergehen. »Betriebsbedingte Auseinandersetzung«, grinst Marie und steckt sich eine meiner selbst gedrehten Zigaretten zwischen die Lippen. Ich drücke das neue Lebewesen fest an mich.

›Ein rohes Ei‹, denke ich, ›das nie abgekocht werden soll.‹ Dann wird es nass, weich und warm an mir, und ich weiß jetzt auch meinen Schlusssatz, ich sage: »Lasst. Macht doch nichts. Alles muss raus!«

Die Versuchsanordnung der Eurokrise
Horst Evers, 2011

In Douglas Adams' Roman *Per Anhalter durch die Galaxis* wird die Erde als eine Art Riesencomputer beschrieben, der von einer höheren Intelligenz gebaut wurde, um ewige Fragen des Universums zu ergründen. Daher stellt diese höhere, außerirdische Intelligenz der Menschheit permanent knifflige Aufgaben in komplizierten Versuchsanordnungen, um deren Fähigkeiten und ihren Entwicklungsstand zu prüfen.

Sollte diese Vermutung von Douglas Adams stimmen, also dass dies der tiefere Sinn der menschlichen Existenz ist, dann wirft uns der Umgang mit der Eurokrise vermutlich gerade im interplanetarischen Intelligenzranking um sehr, sehr viele Plätze zurück.

Seit Monaten schon durchläuft die Eurozone in zunehmender Geschwindigkeit und steigender Panik die gleichen Stadien dieser Versuchsanordnung.

Stufe 1: Die Eurostaaten stellen fest, dass die bisherigen Maßnahmen bei Weitem noch nicht ausreichen, der Geldbedarf deutlich höher als erwartet, die Situation noch viel kritischer als angenommen ist. Also folgt

Stufe 2: Ein Gipfel wird veranstaltet, wo unbedingt eine Lösung gefunden, ein Durchbruch erzielt werden muss. Der

Ernst der Situation wird betont, es gibt keine zweite Chance, Denktabus darf es nicht mehr geben, gleichermaßen eitle wie medienwirksame Klartextposen werden eingenommen. Hieraus ergibt sich zwingend

Stufe 3: Rigide Sparmaßnahmen werden beschlossen, empfindliche Einschnitte, drastische Programme, welche die Schulden in den Griff bekommen und die Rückzahlungen garantieren sollen. Fließender Übergang zu

Stufe 4: Die harte Linie wird bedauert, aber der Wille zu unpopulären Maßnahmen gelobt. Das Ende des über die Verhältnisse Lebens. Die Börsen atmen auf, verschuldete Staaten fühlen sich gedemütigt und gegängelt, aber stimmen dann doch zu, was als großer Erfolg und Durchbruch gesehen wird. Sehr bald jedoch beginnt

Stufe 5: Wirtschaftsexperten geben zu bedenken, dass die rigiden Einschnitte und Sparmaßnahmen die Konjunktur erheblich bremsen werden. Die Volkswirtschaften des Euroraumes werden massiv leiden, wenn nicht gar zusammenbrechen. Sie haben große, große Furcht vor einer Rezession, es folgt

Stufe 6: Die Rating-Agenturen teilen überraschenderweise diese Bedenken. Trotz der harten Sparmaßnahmen haben sie leider kein gutes Gefühl bei der ganzen Entwicklung. Überhaupt gar kein gutes Gefühl, weshalb sie tragischerweise keine andere Möglichkeit sehen, als ihre Prognosen und Einstufungen für viele Staaten und Banken der Eurozone doch noch einmal nach unten zu korrigieren. Dies führt zu

Stufe 7: Die Kosten und Belastungen für weitere Kredite und Maßnahmen steigen durch die schlechteren Bewertungen natürlich noch einmal ganz erheblich an. Das Vertrauen in den Euroraum, speziell die Schuldenstaaten, schwindet. Auch viele Banken haben deshalb erhebliche Probleme. Langsam begreift man, dass die bisherigen Maßnahmen bei Weitem noch nicht ausreichen, der Geldbedarf deutlich höher als erwartet, die Situation noch viel kritischer als angenommen ist, womit

Stufe 1 bereits wieder abgeschlossen ist und man direkt übergehen kann zu

Stufe 2: Ein Gipfel muss her …

Es lässt sich nur schwer sagen, ob die höhere Intelligenz, welche diese Versuchsreihe für uns aufgebaut hat, nun eher amüsiert oder deprimiert ist. Wahrscheinlich beobachtet sie teilnahmslos, wie die Menschheit, also speziell die des Euroraumes, versucht, diesem Hamsterrad auf die immer gleiche Art und Weise zu entkommen. Wie sie letztlich nur die

Geschwindigkeit und die Intensität erhöht, aber ansonsten tapfer und unbeirrbar dem ewig gleichen Reflex folgt.

Womöglich ist die höhere Intelligenz bereits so gelangweilt, dass sie jetzt einfach die Versuchsbedingungen verschärft. Also den Stress für die beiden Hauptversuchstierchen erhöht, indem sie dem einen einen sehr schwierigen Wahlkampf aufhalst und dem anderen den harmlosen Bundespräsidenten hinwegskandalt und dafür einen deutlich komplizierteren Nachfolger ins Spiel bringt.

Vielleicht aber kommt auch alles ganz anders. Eine kleine Vorausschau auf die nächsten Ereignisse:

März

Auf einem weiteren dringend notwendigen, kurzfristig einberufenen Eurogipfel in Brüssel ringt man Griechenland das Zugeständnis ab, ihren Europameisterschaftsstartplatz an China zu verkaufen. Zwar gibt es Stimmen, die es seltsam finden, wenn China bei einer Fußballeuropameisterschaft mitspielt, aber Merkel und Sarkozy sehen hier eigentlich keine Probleme. Im Gegenteil, sie könnten es sich für Europa sogar grundsätzlich vorstellen, beispielsweise Großbritannien ganz gegen China zu tauschen.

April

Apple revolutioniert wieder einmal unseren Alltag und begeistert die Menschen mit einem völlig neuen Gerät. Das iSteam. Also ein mobiles Dampfbügeleisen mit vielen, vielen Apps. Wie viele andere war auch ich anfangs natürlich skeptisch. Das iSteam, so ein mobiles WLAN-Dampfbügeleisen? Brauche ich so etwas denn wirklich? Muss ich das denn echt haben? Aber jetzt muss ich doch sagen, es ist schon toll, einfach immer und überall bügeln zu können. Völlig unabhängig. Also heute könnte ich mir mein Leben ohne iSteam praktisch gar nicht mehr vorstellen. Und ich bin nicht allein. Mittlerweile sieht man sie überall im Stadtbild, die jungen Leute, die in speziellen Cafés zusammen dampfbügeln und dort dann gemeinsam in ihrer Wolke stehen. Toll!

Mai
Weitere Eurostaaten verkaufen ihre EM-Startplätze an Katar, den Oman und die Familie Mubarak. Auch erste Konzerne sollen Interesse haben. Derweil sagt im Rahmen eines weiteren, dringend notwendigen, kurzfristig einberufenen Eurogipfels, der versehentlich betrunkene Sarkozy noch versehentlicher in den »logo!«-Kindernachrichten: Er fände es ja auch seltsam, dass man nicht nur die verschuldeten Länder retten müsste, sondern auch noch viele der Banken, bei denen diese verschuldeten Länder doch eigentlich ihre Schulden haben. Und dass man sich dann das Geld für diese Rettung wiederum zum größten Teil bei genau den Banken leihe, die man doch dann wiederum mit diesem Geld retten wolle. Das fände er auch alles sehr verwirrend. Daraufhin

wird er von Merkel herabgestuft. Sarkozys Beliebtheit jedoch steigt.

Juni
Viele Beobachter waren vom sportlichen Niveau der Europameisterschaft enttäuscht. Im Finale unterliegt das Team Aldi der Mannschaft von IKEA mit 0-3. Alle drei Treffer erzielte Billy.

Juli
Beflügelt von seiner enorm gestiegenen Popularität, betrinkt sich Sarkozy erneut und sagt den Kindernachrichten: Er habe auch gar keine Ahnung, was dieses ewige »Wir kaufen uns Zeit«, »Wir kaufen uns Zeit« solle. Welchen wirklichen Nutzen habe es denn, sich nur Zeit zu kaufen? Für ihn fühle sich das an wie bei einer Parkuhr, wo man am Ende das Auto verkaufe, um die Parkuhr zu bezahlen. Dann döst er überraschend weg. Wohlmeinende Stimmen meinen, jemand müsse ihm endlich mal sagen, dass er die Wahl im April verloren habe und deshalb sowieso nicht mehr bei diesen Eurogipfeln sein dürfte, aber Merkel besteht darauf, dies vor Sarkozy geheim zu halten. Deshalb gebe es doch geheime Wahlen.

August
Aus Neid auf die unfassbare Popularität des ehrlichen, ahnungslosen, unabhängigen Sarkozy betrinken sich nun auch

alle anderen Europagipfelteilnehmer und beteuern dann in Interviews, dass sie aber mindestens genauso wenig Ahnung haben von dem, was sie da seit Monaten ständig auf diesen Gipfeln tun. Merkel versichert, dieser Finanzkrempel habe sie echt noch nie interessiert. Europa jubelt. Die Bevölkerung fühlt sich endlich wieder angemessen und glaubwürdig von ihren Vertretern vertreten.

September
Bei der Funkausstellung gibt es erste Feldversuche mit w-food, also *wireless food*. Funktioniert wie WLAN, nur eben mit Essen. Man macht einfach nur den Mund auf und nach einer Weile ist man ganz von selbst satt. Leider gibt es *wireless food* bislang aber nur in den Geschmacksrichtungen »nach nichts« und »bisschen muffig«.

Oktober
Anlässlich eines weiteren, dringend notwendigen, kurzfristig einberufenen Eurogipfels in Brüssel und der Herunterstufung sämtlicher Eurostaaten auf D wie doof verkünden die Regierungschefs die Gründung einer Ratingagentur für Ratingagenturen. Leiter wird Bernd das Brot. Ferner verkünden sie die sofortige Zusammenarbeit mit Apple und präsentieren den iEuro. Einen durchdesignten Euro mit ganz, ganz vielen Apps und dem Sprachprogramm Siri. Kurz: das erste Geld, das sprechen kann. Eine Revolution.

Geld, das vor dem Kauf noch mal fragt: »Können wir uns das auch wirklich leisten?« Experten sind sich einig: Womöglich könnte dies die Lösung sein.

Paradies Rüdi
Manfred Maurenbrecher, 2011

> Mit den Rosen, mit den Lilien,
> Liebespaaren und Familien,
> mit dem Weißwein auf den Tischen
> und den Kerzen in den Büschen,
> mit dem Wasserfall am Felsen
> und dem Rotwein in den Hälsen,
> mit dem Frohsinn aus den Herzen
> und den Pfälzer Winzerscherzen –
> dieser Platz hier im Südwesten
> unserer Stadt gehört zum Besten
> und Geheimsten, was sie hat.
> Bürgersinn geriet zur Tat.
> Setz dich nieder und genieß
> von Mitte Mai bis in den Herbst,
> von fünf Uhr nachmittags bis in die frühe Nacht
> ein Paradies.
> Freigeharkt von Hundescheiße,
> nicht mal schick und trotzdem leise,

wer als Fremder ist gekommen,
hat in Freundschaft Platz genommen
wie Herr Said am Tisch aus Ghana,
Ingenieur und kein Absahner,
wer hier wohnt wie er, hat Geld,
und man kennt sich auf der Welt.
Man fühlt Grün, man sieht nicht rot,
alles and're Grün ging tot,
alle ander'n Parks versteppen,
weil die Stadtkassen verebben
und der Staat nur gegen Spenden
noch wird Freundlichkeiten senden.
Hier ist vorgesorgt: Genieß
die Wirkung einer Erbschaft einer reichen Witwe,
die den Nachbarn einstmals hinterließ
dies Paradies.
Frohe Lieder, mit Geschepper
gleichzeitig ein Sattelschlepper,
paar Zigeuner spielen auf,
andere laden Autos drauf,
die dann leise durch die Nacht
zur Umspritzwerkstatt wer'n gebracht.
»Bürgerwehr« und »Fremde weg«
ruft mancher da im ersten Schreck,
nur Herr Said, der Käse pickt,
spöttisch in die Runde blickt.

Kauend sagt er: »Bürgerwehr?
Bloß ein guter Wachschutz müsste her,
denn dieser Park, Beete und Rasen
sind doch zu wertvoll für die Massen.
Wer nicht wohnt hier, der soll bezahlen,
die Steppe draußen gehört allen.«
Das ist am Platz ein fremder Ton,
der Schwarze hat noch mehr davon,
»wer gut lebt«, ruft er, »wird weichlich,
Privatstadtteile kenn ich reichlich,
sie sind ein Ansporn für die Armen,
und für die Reichen ein Erbarmen.
Privatarmeen in Accra, Rio,
Moskau, demnächst London, Kapstadt, Kairo,
was wäre ohne Privatstrand Thailand?
Der Wachschutz teilt sogar auf Coney Island
das Kulturland und die Brache!«
Alle sind still. Mit trock'ner Lache
sagt Mr. Said dann: »Ganz Europa
schützt seine Grenzen neuerdings wie ein Privatgebiet.
Warum dann ihr nicht diesen Platz? Den ihr so mögt, wie man ja sieht ...«
Mit den Rosen, mit den Lilien,
Singles, Paaren und Familien,
mit den Bürgern an den Tischen,

die ihre Krümel selbst abwischen,
bleibt der Platz ganz im Südwesten
bisher noch offen und gehört zum Besten,
was diese Stadt zu bieten hat.
Also nutz die Stunde und genieß
von Mitte Mai bis in den Herbst,
von fünf Uhr nachmittags bis in die frühe Nacht
dies Paradies!

Schwabenhass – Ein Essay
Bov Bjerg, 2011

Nach dem arabischen Frühling in Tunesien und Ägypten finden Ende März 2011 auch in Baden-Württemberg freie Wahlen statt. Das Ergebnis: Diktator Mappus gestürzt! Ganz Berlin freut sich mit seinen Exil-Schwaben: Können sie bald in ihre Heimat zurück?

Doch die Sympathie verfliegt bald wieder. Kurz darauf legt ein junger Mann aus Neukölln Feuer in Wohnhäusern in Prenzlauer Berg. Sein Motiv: »Hass auf Schwaben.«

Die Schwaben in Prenzlauer Berg sind entsetzt. In Neukölln, da gibt's doch auch Schwaben! Hätte der junge Mann sich das Fahrgeld nicht sparen können?

Die Kritik an der Gentrifizierung, an der Wohnungspolitik des Berliner Senats, an der Privatisierung von landeseigenen Wohnungen, an der völligen Abschaffung des Sozialen Wohnungsbaus, die Kritik an der Luxussanierung und der Umwandlung von Miet- in Eigentumswohnungen wird also immer fundierter und präziser: »Schwaben raus!«, »Schwaben verpisst euch!«, und nicht zuletzt das berühmte, analytisch knappe: »Tötet Schwaben!«

Höchste Zeit, einen ausführlichen Essay zu dem Thema zu schreiben.

Was ist ein Essay? Ein Essay ist, wenn man etwas erlebt hat, oder wenn man von was gehört hat, was einer von einem erzählt bekommen hat, der was erlebt hat, und wenn man das dann aufschreibt. Man schreibt es auf und wickelt beim Aufschreiben eine Theorie drumrum. Die Theorie ist wichtig, besonders wichtig ist aber das Aufschreiben, weil, wenn man es nicht aufschreibt, nennt man den Essay nicht Essay, sondern Stammtisch.

Ein bekannter Essay ist zum Beispiel das Buch von Thilo Sarrazin, *Deutschland schafft sich ab*.

Auch so ein leeres Politikerversprechen.

Der Verlag hat inzwischen mitgeteilt, *Deutschland schafft sich ab* sei »das meistverkaufte Sachbuch seit 1945«.

Hm.

Da scheut wohl einer den direkten Vergleich.

Jedenfalls, der Essay heißt: »Gleich neben der U6 nach

Tegel west der Georg Wilhelm Friedrich Hegel – Die Schwaben und ihre Berliner«.

Abstract: Berliner und Schwaben – Man darf sie nicht miteinander kreuzen, denn sonst bekommt man Großmaultaschen.

Bis 1990 waren Schwaben die zweitgrößte Minderheit Berlins, gleich nach den Türken. Seit der Wiedervereinigung besteht die größte Minderheit Berlins aus Ostberlinern. Der Prozess ihrer Anpassung an das großstädtische Leben verläuft schleppend und führt regelmäßig zu Unmut unter den alteingesessenen Türken, Schwaben und Westberlinern.

Exkurs.

In Prenzlauer Berg kursiert eine mythische Zahl: In den letzten 20 Jahren seien 80 Prozent der Bevölkerung »verdrängt« worden!

Diese 80 Prozent sind merkwürdigerweise seit ca. zehn Jahren konstant. Ethnologen vermuten, es handle sich um eine heilige Zahl. Es ist tabu, sie zu verändern, zu verringern oder zu erhöhen, und wer es trotzdem tut, wird in einer Dachgeschosswohnung am Kollwitzplatz wiedergeboren.

In den letzten 20 Jahren 80 Prozent verdrängt. Schlimm. Welcher Schrecken wird die Menschen überkommen, wenn sie erst einmal erfassen, dass in den letzten hundert Jahren sage und schreibe 100 Prozent der Bevölkerung verdrängt worden sind? Ja, man muss es so hart sagen: Von denen, die 1910 in Prenzlauer Berg lebten, ist praktisch keiner mehr übrig!

Wo sind sie hin?

Keine Panik – die meisten sind ins Grüne gezogen.

Ende des Exkurses.

Jeder klagt über Gentrifizierung. Dass die Häuser alle saniert werden. Dass die Mieten jetzt so hoch sind. Am lautesten jammert, wer selbst am meisten dazu beigetragen hat.

»Mieter vor Wild-West schützen!«, plakatiert im Wahlkampf die LINKE – eine Partei, die in Berlin zehn Jahre lang an der Regierung war und alles getan hat, Zigtausende von landeseigenen Wohnungen irgendwelchen Investmentfonds zum Fraß vorzuwerfen und die Verwandlung von Wohnraum in Ware bloß nicht zu behindern.

Der Lokalpatriotismus will wie der große Patriotismus eines Sarrazin, dass alles bleibt, wie es ist. Wer zuerst da war, ist im Recht!

Jeder will, dass die Straße exakt so bleibt, wie er sie zuerst gesehen hat. Egal, ob das vor zwei, vor fünf oder vor zwanzig Jahren war. Die kleine Graugans schlüpft, sieht eine Bruchbude und hält sie bis zum Ende ihres Lebens für die Mama.

My Kiez is my castle.

In Flugblättern wird gegen »Vertreibung« gewettert, als ob

Erika Steinbach persönlich die Schriftleitung übernommen hätte, und von der NPD abgekupferte Slogans wünschen Schwaben und anderen Eindringlingen »Gute Heimfahrt«.

Aber woher kommt nun dieser Hass ausgerechnet auf die Schwaben?

Es ist wegen dem Essen. Raffinesse und Distinktionsvermögen der Berliner Kochkunst gipfeln in einer einzigen Frage: »Mit Darm oder ohne?«

Erbspüree isst der Berliner für sein Leben gern. Überhaupt ist Matsch die präferierte Zubereitungsweise: Erbsenmatsch, Kartoffelmatsch, Grünkohlmatsch, Rotkohlmatsch. Matsch mit Salz.

Das Grundrezept ist so einfach wie schmackhaft: Beliebige Zutat grob schreddern und mit der gleichen Menge Salz zwei bis drei Wochen zugedeckt köcheln lassen. Am Wochenende das Umrühren nicht vergessen!

Die Zunge des Berliners unterscheidet die Geschmäcker »heiß« und »kalt«. Zur differenzierten Würdigung der indigenen Küche genügt das vollauf.

Da ist es nur zu verständlich, dass die Konfrontation mit der überlegenen Kultur des deutschen Südwestens Neid erzeugt, Frustration, ohnmächtige Wut und schließlich Hass. Der Hass geht durch den Magen.

Das soll nicht heißen, dass der Berliner sich überhaupt nicht um die Verfeinerung seiner kulinarischen Sitten bemüht. Damit täte man ihm wirklich Unrecht. Folgendes Rezept etwa wird in Berliner Familien seit Langem sorgfältig gehütet und von Generation zu Generation weitergetragen – und ganz zart schlägt das Rezept ein kleines Brücklein der Versöhnung zu den Schwaben:

»Hausgemachte Berliner Maultaschen (2 Pers.):
  1 Dose Ravioli 10 min. im Wasserbad erwärmen – fertig!«

Angela Merkel: Bye-bye Atomkraftwerk

Text: Bov Bjerg, Gesang: Christoph Jungmann 2011,
Vorlage: Junimond / Rio Reiser

> Die Erde bebt vor meinem Fenster,
> mein Schreibtisch wackelt, was ist denn bloß los?
> Ich bin hier oben und seh diese Welle,
> krieg nasse Füße
> vom Restrisiko.
> Ich will zu dir stehn,
> ja, ich will zu dir stehn,
> Doch Umfragen sagen:
> Dann droht ein GAU
> und ich müsst gehn –

Es ist vorbei, bye-bye Atomkraftwerk
Es ist vorbei, es ist vorbei, bye-bye.
Zehntausend Jahre solltest du laufen,
hast eine Glut in mir entfacht.
Doch die Leute sagen, du seist für eine
stabile Beziehung gar nicht gemacht.
Da brennt ein AKW!
Da pfeift ein AKW!
Da platzt ein AKW!
Da knallt ein AKW!
Da fliegt ein AKW!
Und Umfragen sagen:
Dann droht ein GAU,
und ich müsst gehn.

Es ist vorbei, bye-bye Atomkraftwerk,
es ist vorbei, es ist vorbei, bye-bye.

Mit wem ich auch geh, mein Herz, das bleibt dir
    treu,
wie hundert Sonnen, so hell strahlt dein Licht,
unsere Liebe ist so groß und heiß,
dass man in Tausenden Jahr'n noch von ihr spricht.

Doch jetzt tut's nicht mehr weh,
nee, jetzt tut's nicht mehr weh.
Und Windräder verwischen Erinnerung,
wenn sie sich drehn –

Es ist vorbei, bye-bye Atomkraftwerk,
es ist vorbei, es ist vorbei, bye-bye.

Joachim Gauck: Sorge, Mut, Trost und Tränen
Hannes Heesch, 2012

Liebe Bürgerinnen und Bürger,
ich möchte heute mit Ihnen gemeinsam nachdenken über meine bisherige Amtszeit im Schloss Bellevue. 2012, was für ein schönes Jahr! Und dennoch bin ich ein ganz bescheidener Mensch geblieben! Der erste Bürger meines Landes. Gut, die Medien haben das Präsidialamt nicht nach Gauck benannt, obwohl es sich eigentlich um eine ganz normale deutsche Behörde handelt.

Aber sicherlich kommt das noch. Sinnfällig wäre es gleichwohl schon jetzt gewesen. Denn es hätte das Amt wieder geerdet, hätte ihm seine Würde wieder zurückgegeben nach all den Skandalen und Rücktritten der letzten Jahre. Und als ob mein greiser Vorgänger nicht schon genug Schaden im Amt genommen hätte, nun hat auch noch seine junge Gemahlin trotz meiner seelsorgerischen Vermittlung dem Sakrament der Ehe abgeschworen. Wichtig war mir, nach dem Glamour und Glitzer aus der Welt der Wulffs, mich als ein Hirte im Weinberg zu mühen. In Demut und in Normalität.

Wie nun sieht ein ganz normaler Arbeitstag des Bundespräsidenten aus?

Schon morgens früh um sieben schlägt mir eine Welle der Sympathie entgegen, wenn interessierte Bürgerinnen und Bürger in Etappen vorgelassen werden, um mir beim Aufstehen und Ankleiden zuzuschauen. In der Regel brandet Beifall auf, wenn ich mit der Katzenwäsche fertig bin. Manche verantwortungsvolle Bürgerinnen und Bürger bringen sogar Brötchen mit und Aufschnitt und weich gekochte Eier. Zum Abschied lassen sich viele von mir segnen. Die Kinder bekommen Karamellbonbons mit auf den Weg und die Erwachsenen Bundesverdienstkreuze. So erfahren die Bürgerinnen und Bürger aus erster Hand, dass die freiheitliche Demokratie auch in Deutschland, das zwei Diktaturen und zwei Weltkriege mitgemacht hat, etwas ganz Normales und Alltägliches geworden ist, zu dem man Vertrauen haben kann.

Für gewöhnlich denke ich mir am Vormittag irgendetwas aus, womit ich die Medien am nächsten Tag überrasche. Nach der Mittagspause suche ich dann die Bürgerinnen und Bürger draußen im Lande auf. So besuche ich zum Beispiel in Neukölln zum ersten Mal in meinem Leben eine Moschee. Ich trage italienische Herrenschuhe, die sind maßgefertigt und kosten über 500 Euro pro Stück. Die Schuhe habe ich – damit da kein falscher Verdacht aufkommt – vor meiner Amtszeit gekauft. Den linken 2011 und den rechten ein Jahr zuvor, nach meinem Vortrag bei den Stadtwerken Bochum. Die muss ich nun vor dem Gebetsraum ausziehen und draußen lassen. Das musste ich noch nicht mal beim Papst. Hoffentlich stiehlt die keiner, denke ich. Dann muss ich nachher in Socken auf die Straße. Dann werde ich mich erkälten. Was ist hier wichtiger, frage ich mich, die Religionsfreiheit oder die körperliche Unversehrtheit? Der Islam hat darauf noch keine Antwort gefunden.

Natürlich hätte ich jetzt meinen Leibwächter bitten können, draußen auf meine Schuhe achtzugeben. Aber dann wäre ich schutzlos gewesen unter all den Muslimen. Ich habe nichts gegen Muslime. Aber man weiß ja nie. Also nehme ich den Sicherheitsbeamten mit rein.

Zu meiner Erleichterung weiß hier keiner so genau, was ich vor meiner Wahl zum Staatsoberhaupt zu Sarrazins Ansichten von der Überfremdung gesagt habe. Der Imam spricht für die Gemeinde die 75. Sure aus dem Koran, oder ist sie gar für mich gedacht? Denn sie wird als »Auferstehung« betitelt. Bin ich, Joachim der Evangelist, der allbarmherzige und dennoch so vernünftige Gevatter, von Hause aus Theologe und frei gewähltes Staatsoberhaupt aller Deutschen, und ich betone aller Deutschen, egal welcher Herkunft und Religion, derjenige, der den Klerus und die weltliche Staatsordnung wieder sinnvoll zusammengeführt hat, in den Augen tief religiöser Muslime kein Ungläubiger mehr?

Ich versuche trotzdem darauf zu achten, nichts Falsches über den Propheten Mohammed zu sagen. Ich rede stattdessen mit meinen Gesprächspartnern viel über Luther und die Reformation. Da kenne ich mich aus, und den Muslimen schadet das nicht. Als ich wieder rauskomme, stehen meine Schuhe noch da. Ich breche in Tränen aus. Als die Gemeindemitglieder sehen, dass ich weine, sind sie ergriffen. Wieder einmal habe ich den richtigen Ton getroffen.

So auch bei der englischen Königin in London. Ich spüre den sorgenvollen Blick dieser fast zerbrechlich wirkenden Person, als ich mich bei ihr auf dem Weg in den Buckingham-Palast wärmespendend unterhake. Ich nehme neben der alten Dame auf einem Stuhl Platz, auf dem schon Churchill gesessen hat. Ich bin erschüttert. Die gute Frau leistet sich nicht einmal eine neue Sitzgruppe. Und doch höre ich trotz aller Probleme keine Klagen, kein missgünstiges Wort, wie bei so vielen Rentnern hierzulande. Da ist ihre Sorge um den ältesten Sohn, der schon seit Jahren gar nichts mehr macht. Für mich ein weiterer Beleg dafür, dass jemand, der nur von der öffentlichen Hand lebt, keinen eigenen Anreiz mehr verspürt, etwas für sich oder andere zu tun. Nicht zuletzt deshalb muss die gut 90-Jährige auch in Zukunft weiterhin dazuverdienen, während hierzulande 63-Jährige ohne Abstriche in den vorgezogenen Ruhestand gehen.

Ich streiche der alten Dame zart mit dem Handrücken über die Wange und versuche ihr Mut zuzusprechen, indem ich ihr mit sanfter Stimme versichere, dass im Buckingham-Palast mit Williams und Kates froher Kunde doch bald wieder Leben einzieht. Mir steigen die Tränen in die Augen. Kurz darauf wird das königliche Protokoll dahingehend geändert, dass ich frische Luft schnappen soll. Ich bin selbst überrascht, habe aber Verständnis, dass die Queen nach meinen einfühlsamen Worten ergriffen ist und gerührt und sprachlos. Ich verabschiede mich von ihr mit einer vorsichtigen Umarmung in etwa so, wie ich Sebastian Kehl und seine Kameraden von Borussia Dortmund nach dem gewonnenen DFB-Pokalfinale gegen die Münchner Bayern umarmt habe, herzlich, aber zurückhaltend.

Häufig kehre ich abends heim ins Schloss Bellevue, erschüttert von der Wucht meiner Worte. Dann breche ich in Tränen aus. Hier in den privaten Räumen kann ich es ruhig zulassen, auch wenn leider keine Kameras vor Ort sind, wenn Daniela meine Tränen liebevoll trocknet und twittert. So befinde ich mich in Vorfreude und Erwartung auf weitere Begegnungen mit den Bürgerinnen und Bürgern, fest verwurzelt auf dem Boden der Freiheitlich Demokratischen Grundordnung und im Sinne der christlichen Lehre von der Dreifaltigkeit: vom Vater, vom Sohn und von Joachim, dem Gauck.

Amen.

V-Mann-Style

Text: Horst Evers, Gesang: alle 2012, Vorlage: Gangnam Style / Psy

Vom echten Geheimdienst ham' die meisten keine Ahnung,
beim echten Geheimdienst ist das Wichtigste die Tarnung,
und die beste Tarnung ist, hat der Getarnte keine Ahnung von der Tarnung,
sondern ist der, der er ist, auch ohne Tarnung.

Wir sind so geheim – wir wissen selbst nicht, was wir machen,
wir sind so geheim – wie viel wir sind, wo und warum,
wir sind so geheim – manchmal hör'n wir von uns Sachen,
doch die bleim' geheim – da stellen wir uns mal dumm.

Und hat mal einer – irgendwie einer
'nen Verdacht – und gibt nicht acht,
schreibt ihn nieder – im Bericht nieder,
schreien wir Nein, das ist geheim,
bevor wir von uns erfahren, kommt das in den Schredder rein …

Refrain:
Das is V-Mann-Style – V-Mann-Style,
guck, guck, guck, guck, guck,
guck mal V-Mann-Style, V-Mann-Style,
guck, guck, guck, guck, guck,
guck mal V-Mann-Style –

hey, Schredder-Cowboys,
guck, guck, guck, guck – guck mal V-Mann-Style,
hey, Schredder-Cowboys,
guck, guck, guck, guck, guck.

Das Nazimilieu hat von Natur was gegen Fremde,
wer nicht zu denen passt, läuft da höchstens gegen Wände,
dagegen kann ermitteln dort geschmeidig wie ein Aal,
ist er auch privat rechtsradikal.

Wir sind so geheim – doch haben beide Augen offen,
wir sind so geheim – linker Terror ist viel schlimmer,
denn der ist geheim – kann man nix von sehn und hören,
und das ist gemein – macht den Kampf viel schwieriger.

Doch finden wir mal – Flugblätter total
linksradikal – hart und brutal,
ist das präventiv – ein Job für Profis,
und das sind wir – denn nur wir
wissen, wie man Blätter in den Schredder steckt –
   steckt – steckt …

Refrain:
Das is V-Mann-Style – V-Mann-Style,
guck, guck, guck, guck, guck,
guck mal V-Mann-Style, V-Mann-Style,
guck, guck, guck, guck, guck,
guck mal V-Mann-Style –

hey, Schredder-Cowboys,
guck, guck, guck, guck – guck mal V-Mann-Style,
hey, Schredder-Cowboys,
guck, guck, guck, guck, guck.

Die Verfassung hier, Verfassung schützen wir,
Wollen keinen Bambi, keinen Dank und nix dafür,
nur eines wäre schick, das muss doch gehen, verflixt:
dass uns mal einer auch vor dieser Drecks-
   Verfassung schützt!

Wir hamm V-Mann-Style,
hey, hey, hey, hey, hey,
hey sexy Brille,
guck, guck, guck, guck – guck mal V-Mann-Style,
hey sexy Ärsche,
guck, guck, guck, guck, guck! Hey, hey, hey,
wir hamm V-Mann-Style!

Angela Merkel und Peer Steinbrück I

Christoph Jungmann / Hannes Heesch, 2012

MERKEL   Herr Steinbrück, Sie haben ja jetzt als SPD-Kanzlerkandidat dankenswerterweise Ihre ganzen Nebeneinkünfte offengelegt.

STEINBRÜCK   Ja, ich hab 89 bezahlte Vorträge gehalten und 272 unentgeltliche, davon viele im Deutschen Bundestag. Für die habe ich auch nichts in Rechnung gestellt.

MERKEL   Ja, das freut mich auch sehr. Aber was so ein bisschen zu kurz gekommen ist: Ich weiß gar nicht, wovon handelten denn diese Vorträge?

STEINBRÜCK   Ja, genau … Wenn man mich anfragt, dann komm ich. Egal, wohin. Ich bin ja Abgeordneter. Das gibt ja so viele Anfragen an mich, ich fahr da zum Teil hin, mit dem eigenen Wagen, stell ich die Navi ein … manchmal weiß ich gar nicht mehr, wo ich bin. Aber wie gesagt, das ist auch egal.

MERKEL   Ja, aber was tragen Sie denn nun so vor, wenn Sie eingeladen werden?

STEINBRÜCK   Ja, alles Mögliche. Was von mir gefordert wird.

MERKEL   Ja, was denn?

STEINBRÜCK   Ja, man kann nicht sagen, um was es geht. Das entwickelt sich. Ich bereite mich da ja nicht groß drauf vor. Ich bin ja in erster Linie Bundestagsabgeordneter.

MERKEL   Ja, und dann reden Sie einfach so drauflos?

STEINBRÜCK   Ja, man stellt sich dahin und legt los. Ich weiß doch gar nicht, was vor Ort so ist. Ich will die Leute da doch auch nich um die Fichte führ'n. Ich werde ja angefragt, von Unternehmen. Ich geh auch auf Jahrmärkte. Was so kommt.

MERKEL   Auf Jahrmärkte? Und dann fangen Sie an zu reden?

STEINBRÜCK   Ja, ich bin ja sehr spontan. Das ist wie Speakers' Corner. Und das sind ja auch nicht nur Reden, die ich da dann halte, sondern das sind ja häufig auch Gespräche, die ich dort führe.

MERKEL   Ach, Gespräche! Ach so. Bei den Stadtwerken Bochum war das auch so?

STEINBRÜCK   Ehhh.

MERKEL   Und wer hat Sie denn da befragt?

STEINBRÜCK   Ja … Werner Hansch hat mich da befragt.

MERKEL   Werner Hansch!? Dieser Sportreporter!?

STEINBRÜCK   Ja, der Sportreporter.

MERKEL   Mit dem haben Sie ein Gespräch geführt?

STEINBRÜCK   Ja, einen Power Talk.

MERKEL   Einen Power Talk!

STEINBRÜCK   Ja, das ging 'ne volle Stunde!

MERKEL   Oh, Sie Ärmster! Und für so was bekommen Sie dann 25 000,- Euro?

STEINBRÜCK   Ja, hier und da schon.

MERKEL   Für so ein bisschen Gequatsche!?

STEINBRÜCK   Das ist doch kein Gequatsche, das ist mein Marktwert. Ich bin ja nicht Bundeskanzler. Aber Frau Merkel, jetzt mal zurückgefragt: Was verdient man als Kanzlerin eigentlich so? Ist das ganz okay? Lohnt sich das?

> ### Meine Männer
> Hannes Heesch, 2019
>
> »›Meine Männer‹? Ich bin doch nie sein Mann gewesen! Wir sind doch allesamt, die wir hier stehen, nicht ›seine Männer‹! Eins is klar: Der Franz, der Otto, der Peer, das sind meine Männer. Putin, Erdoğan, Gaddafi, alles meine Männer!« (Mein Schröder)
>
> Bei allen Instabilitäten, die unsere Berliner Republik heimsuchen, an Angela Merkels Moderation des Jahresrückblicks führt seit mehr als 20 Jahren kein Weg vorbei. »Meine Männer« durften aufeinanderfolgend links und rechts der Raute mitmoderieren, bevor einer nach dem anderen in der realen

Welt politisch zu Boden ging. In meinen Parodien waren sie redseliger als die Originale, erklärten sich vor dem Kabarettpublikum wortreicher als je zuvor, gaben sich zahlreiche Blößen, aber waren vor allem nie so ausdauernd wie unsere Kanzlerin. Ob Schröder, Stoiber, Müntefering, Steinbrück oder Schäuble, entweder reichten sie sich in schöner Regelmäßigkeit von einem Rückblick zum nächsten die Klinke in die Hand oder sie gaben wie mein Westerwelle den hilflosen Assistenten. Nicht zuletzt an ihnen und ihrem personellen Austausch ließ sich der rasante Verfall der einstmals stabilen westdeutschen Parteienlandschaft beunruhigend festmachen:

Die »Sozis« – was für eine Tragödie! Spätestens mit Schröder endete das sozialdemokratische Zeitalter, die SPD trudelt nun bei nicht mal mehr 20 Prozent auf die ungebremste Talfahrt hin. Am Anfang dieser Entwicklung standen dafür mein Schröder, Scharping, Schily, Struck, allesamt testosterongesteuerte Vertreter des kurzweiligen rotgrünen Experiments. Sodann im raschen Wechsel – schon an Merkels GroKo-Seite – mein sturer Müntefering, der zum Schluss frustrierte und sauertöpfische Beck, mein pfiffiger Steinbrück. Ein sich in Lichtgeschwindigkeit artikulierender Schnacker und Macker, der das Volk »nicht um die Fichte führen« wollte. Von meinem Schmidt (dessen sämtlichen Redeversatzstücke ich noch heute im Schlaf mitsprechen kann) quasi per Akklamation zum Kanzlerkandidaten gekürt. Seit »Münte« waren die real existierenden Sozis als Relikte der Schröder-Zeit und als Geiseln Merkels schon ihrer sozialdemokratischen Gewissheiten beraubt, versuchten sich bei uns im Rückblick halbwegs ohnmächtig, aber wortreich wieder aus der Krise heraus zu moderieren.

Und die FDP. So wie mein Westerwelle 2009 seinen Wahlerfolg visionierte, war der Misserfolg bereits programmiert. Und die Parodie war teils eine kleine Charakterstudie des damaligen Vorsitzenden im Siegestaumel, teils psychologische Betrachtung seiner Partei. Mit meinem Lindner wollte ich ihren neuen Politiktypus karikieren, eitel, eloquent, modisch im Trend, rhetorisch fit, altbekannten Liberalismus wie einen aufpolierten Gebrauchtwagen anpreisend. Sein vermeintlicher Verkaufsschlager »Es ist besser, nicht zu regieren, als falsch zu regieren«, mit dem er die Co-Moderation verweigerte, manövrierte ihn selbst – zu seiner Überraschung – zielsicher ins Off und Merkel – zu ihrer Überraschung – in die Kanzlerdämmerung.

Vergleicht man Merkels heutige CDU mit der von Adenauer bis Kohl, so hat sich seit 2000 eine Menge verändert: Mein Stoltenberg war einer der erzkonservativen, steifen, protestantischen Vertreter der vergangenen Spezies im mausgrauen Anzug. Gelegentlich trug er eine Hornbrille (und es brauchte einige Flohmarktbesuche, um ein zeitgemäßes Modell dieser Art aufzutreiben). Solche Politiker kann man sich heute kaum noch vorstellen. Als Jugendlicher hatte ich das

Original einmal auf einer Veranstaltung im heimischen Kiel zum moralischen Umgang der Parteien mit der Flick-Affäre befragt. Daraufhin polterte er los wie Störtebeker, natürlich viel glatter rasiert, aber im typisch norddeutschen Duktus und mit hochrotem Kopf: Ich möge meine »billige Polemiiiik unterlassen!«. Mit diesem Erlebnis reifte in mir noch als Schüler der Entschluss, ihn zu parodieren. Brauchte ich ein Ventil für die Abfuhr? Kann sein. So ging das mit dem Parodieren bei mir los. Mein Rühe, der linkisch auf cool tat, mein autoritär-stoisch nach Tagesordnungsplan mitmoderierender Schäuble und mein arg nach Worten ringender und mit sich selbst und zusammenhängenden Gedanken kämpfender, stammelnder Stoiber, das waren dann wirklich die letzten Veteranen, die gegen Merkel zu Boden gingen. Im Rückblick 2018 tauchte dann noch ein Verschwörer von der ausnahmslos desertierten Andenpakt-Front auf: der ehemals Merz-Gefallene. Mein Merz stieg kurzfristig aus der BlackRock-Versenkung, wo er bis dahin nach Geld schaufelte, um mit dem permanenten Vorstoßen seines vogelartigen Kopfes und mit sabberndem Schnabel, einem Habicht gleich, unserer Merkel die Moderation streitig zu machen (der Mann hat beim Sprechen wirklich immer eine klatschnasse Unterlippe, gar nicht so einfach, das hinzukriegen!). Auch dank des erstaunlich hohen Unmuts unseres Publikums verschwand er glücklicherweise ebenso schnell wieder in der Versenkung. Hoffentlich bleibt es dabei ...

Denn um Figuren erst zu verinnerlichen und dann zu »veräußerlichen«, brauche ich eine gewisse Sympathie für die realen Vorbilder, auch Empathie, dann wieder Distanz, auf jeden Fall ein Sichhineinversetzen in die jeweilige Person – dafür, mit welchen Eigenheiten sie ausgestattet ist, wie sie ticken könnte. Als Parodist habe ich ohnehin nur wenige Möglichkeiten, und nicht jede Figur gelingt gleichermaßen. Karikaturisten und Parodisten sind sich in der Beziehung recht ähnlich. Sie können (müssen!) ein Gesicht mit nur wenigen Strichen bzw. einer typischen Mimik und Gestik einfangen und abbilden. Insofern vereinfachen sie die detaillierten Gesichtszüge, versuchen darin das Wesentliche zu erfassen, zugleich aber auch zu überzeichnen. Als Parodist muss ich zusätzlich an der Stimme meiner Figur feilen. Der Rest ist suggestive Kraft und ein Wechselspiel zwischen der jeweiligen Bühnenfigur und dem Publikum. Zum Tragen kommt dann vor allem ein starkes Maß an Vorstellungsvermögen und -willen auf beiden Seiten, beim Parodisten vielleicht sogar eine gehörige Portion »Einbildung«. Wenn dieses Wechselspiel funktioniert, entsteht eine Sphäre des gegenseitigen Einverständnisses, in der alle Beteiligten annehmen, das Original könnte jetzt tatsächlich im Raum stehen. Aber eben immer doch mit einem Augenzwinkern. Denn wie die Karikatur die Überzeichnung braucht, lebt die Parodie von Übertreibung und Zuspitzung, teils bis in Formen der Absurdität. Bei meinem »Münte« entfernte ich mich nach und nach vom Original, entwickelte ihn zu einer eigenen Kunstfigur, die in der Moderation an Merkels Seite ein reges Eigenleben führte, immer redseliger wurde und hektisch agierte, ganz anders als das eher schweigsame Sauerländer Vorbild.

Auch bei Annäherungsproblemen kann die Nähe zur Karikatur helfen. In den Zeichnungen Klaus Stuttmanns waren mir Gaucks dünne, aufeinandergepresste Lippen aufgefallen. Diesen Ansatz versuchte ich auf meine Parodie zu übertragen. Von da an funktionierten Mimik und spezifische Artikulation. Mein Gauck wurde über die Jahre zu einem meiner Favoriten! Bei ihm ging mir die Distanz wohl am ehesten verloren. Ich jubelte ihn meinen Kollegen bei jeder Gelegenheit unter, ob er nun Jahresthemen beizutragen hatte oder nur reformatorisches Luther-Gedöns von sich gab. Wunderbar, diese Neigung zum geistreichen, manchmal ahnungslosen, immer jedoch gefühlsübermannten Schwadronieren. Ein bisschen »irre«, der Mann, auch wie er als ehemals Ostdeutscher die Bonner Republik und die Idee der westlichen Freiheit mit geradezu überschießender Energie aufgesogen und »verkündet« hat.

»Irre« im ganz anderen Sinne ist Donald Trump, ein drittklassiger Showman mit exakt vier wechselnden Grimassen. In meiner Parodie möchte ich sowohl seine Clownereien als auch seinen undemokratischen, unberechenbaren und autoritären Charakter erfassen. Am Tag seiner Amtseinführung verfolgten wir vor der Vorstellung seine Inaugurationsrede, die mich deprimierte. Es fiel mir schwer, den Trump an diesem Abend auf der Bühne zu geben. Im Wahlkampf hatte ich die stereotyp wiederholten, oft vulgären Parolen intensiv verfolgt. Da war nun die Inaugurationsrede in ihrer kruden, aber in sich schlüssigen Logik von einer Folgerichtigkeit, dass es mir den Atem verschlug. Trump dankte Obama für seine Amtsjahre, um dann anschließend die gesamte politische Klasse in die Tonne zu treten, und allen Ernstes – im Sinne Rousseaus Postulat einer Identität von demokratischer Herrschaft und Volk – zu verkünden, dass er mit dem Tag seines Amtsantritts die Macht dem Volk zurückgeben werde. Das war 2016/17. Ich befürchte, wir werden uns künftig mehr mit »Männern« dieser Bauart beschäftigen müssen. Es fällt schwer, das Humorvolle an Parodien wie diesen herauszuarbeiten. Aber wer hat denn gesagt, dass es einfach sein soll?

5 Rot-Schwarzer Abschwung:

Von Drohnen, Segelschulschiffen, zu kurzen Rolltreppen und transatlantischen Schäden (2013-2016)

Garderobengespräch 2013
Horst Evers, 2019

Irgendwann Anfang Januar in der letzten Rutsche täglicher Doppelvorstellungen. In der kleinen Garderobe unmittelbar vor Beginn der zweiten Hälfte der ersten Vorstellung. Aus einem Stapel Zuschauervorschläge haben wir drei Themen ausgewählt, die sonst nicht im Rückblick vorkommen. Aus den drei Themen wiederum wird das Publikum gleich, zum Auftakt der zweiten Hälfte, mit einfacher Mehrheit eines bestimmen – und zu diesem Thema schreiben und komponieren wir dann während der zweiten Hälfte ein komplett neues Lied, das wir am Ende der Vorstellung uraufführen werden.

BOV   War Andreas schon da?

HANNES   Schon lange. Das geht gleich los.

CHRISTOPH   Noch mal – wir haben uns jetzt entschieden für Borussia Dortmund, Wölfe in Brandenburg und Urheberrecht?

MANFRED   Zu Borussia Dortmund fällt mir nichts ein.

HORST   Die Leute nehmen eh die Wölfe.

MANFRED   Hoffentlich. Die Leute sind ein bisschen komisch heute.

BOV   Da sagste was.

HORST   Ja, irgendwie sind sie sehr auf Witz fixiert.

CHRISTOPH   Was soll denn das heißen?

MANFRED   Na, die sind eben komisch. Die lachen nur an den lustigen Stellen.

CHRISTOPH   An welchen Stellen sollen sie denn sonst lachen?

HANNES   War Andreas schon da?

BOV   Hast du mir nicht eben geantwortet, der wäre schon da gewesen?

HANNES   Entschuldigung. Ich hatte noch mal in den Schäuble reingehört. Da muss ich dann wohl irgendwie mit den Tagen durcheinandergekommen sein.

MANFRED   Und war Andreas denn jetzt schon da?

HORST   Ja, schon lange.

HANNES   Ich finde meine Gauck-Brille nicht.

BOV   Du trägst doch als Gauck gar keine Brille.

HANNES   Na, dann ist es ja auch kein Wunder, dass ich sie nicht finde.

HORST   Wenn die die Wölfe in Brandenburg nehmen, hätte ich schon zwei schöne Reime für den Refrain. Das wäre super.

BOV   Urheberrecht hatten wir schon so ähnlich. Wenn das kommt, könnten wir eigentlich den Song von da im Prinzip noch mal machen.

MANFRED Ja, der war ja sehr schön.

CHRISTOPH Die Erfahrung zeigt aber, dass es praktisch nie gut wird, wenn man versucht, dasselbe im Prinzip noch mal zu machen.

HANNES Apropos durcheinander. Bei der Schlusschoreo: Fangen wir da bei der zweiten Strophe mit dem linken oder mit dem rechten Fuß an?

BOV Bei der zweiten Strophe stehen wir erst mal ganz still nur so da.

HORST Genau genommen stehen wir bei dem Lied nie ganz still nur so da.

BOV Ich am Anfang der zweiten Strophe schon.

HORST Ich weiß.

MANFRED Genau genommen gibt es bei dem Lied auch gar keine zweite Strophe.

CHRISTOPH Wie oft haben wir das Lied jetzt eigentlich schon geprobt und aufgeführt?

BOV   Proben wird überschätzt.

HORST   Aufführungen auch. Aber dafür war das Lied zuletzt musikalisch immer sehr schön.

BOV   Singe ich bei dem Lied eigentlich mit?

HANNES   Apropos, war Andreas denn jetzt schon da?

MANFRED   Schon lange.

CHRISTOPH   Ich finde den Zettel mit Borussia Dortmund nicht.

BOV   Ich geh noch mal auf Toilette.

HORST   Ich muss auch noch mal.

DIE ANDEREN DREI   Ich auch! *(Andreas kommt rein)* –

HORST   Warst du nicht schon da?

DIE ANDEREN DREI   Nein!!!

ANDREAS *(zu Hannes)*   Sind das nicht die Gauck-Sachen?

HANNES   Ja. Gauck hat gar keine Brille.

ANDREAS   Fängst du den zweiten Teil nicht als Seehofer an?

HANNES   Oh Gott. *(beginnt sehr hektisch, sehr viele Bewegungen zu machen)*

BOV *(aus der Toilette rufend)*   Es kann übrigens doch sein, dass Andreas noch nicht da war.

Wölfe in Brandenburg
Musik: M. Maurenbrecher, Text: Bjerg / Evers / Maurenbrecher, getextet in der Garderobe des Mehringhoftheaters in einer zweiten Hälfte einer Vorstellung und an deren Ende improvisiert aufgeführt, 2013

> VORTEXT
> Vielleicht über die Eisschollen der Oder
> Vielleicht im Laderaum eines Zigaretten-LKWs
> weit aus Sibirien kommt er herüber
> und heult unter dem Mond am Ufer des
>   Scharmützelsees.

STROPHE 1
Man sieht ihn hinterm Deich gleich bei den Schafen
man sieht ihn vor den Mülltonnen beim Edeka
manche behaupten, dass sie ihn beim Friedhof trafen
viel fürchten ihn – doch ist er nicht wirklich Gefahr!

REFRAIN 2×
Willkommen!   Du wildes graues Tier
Willkommen!   Bestimmt gefällt es dir hier
Denn Branden-   burg ist ja genau
so wie du   so wild und grau!

STROPHE 2
Jede Kuh verscheucht ihn mit dem Schwanz
denn er hat Laktoseintoleranz.

REFRAIN 1×

STROPHE 3
(MERKEL)
Doch wenn er nach Berlin reinschlendert,
kann sein, dass sich die Stimmung ändert.
Der Wolf, und das lässt sich belegen,

(BOV)
er wandert am liebsten auf Fahrradwegen.
In so einem Falle: Fürchte dich nicht!
Hier endet deine Radbenutzungspflicht.

REFRAIN 1 ×

Merkel und Steinbrück II: Im Keller
Christoph Jungmann / Hannes Heesch, 2013

MERKEL Die Bundestagswahl war ein großes Ereignis. Nun ist die GroKo – der Begriff ist zum Wort des Jahres gekürt worden – zum zweiten Mal unter Dach und Fach. Die SPD-Mitglieder durften sogar abstimmen. Rund 76 Prozent haben für den Koalitionsvertrag von CDU / CSU und SPD gestimmt. Herr Steinbrück, Sie als mein Gegenkandidat bei der zurückliegenden Bundestagswahl, können Sie damit leben?

STEINBRÜCK Ja, klar kann ich damit leben! Sie auch? Sind Sie gut drauf?

MERKEL Ja, natürlich. Und die Auszählung ist gut gelaufen?

STEINBRÜCK Ja, das ging viel schneller als erwartet. Woran hat das gelegen?

MERKEL Ja, keine Ahnung. An den Maschinen?

STEINBRÜCK Weil ich mit ausgezählt habe.

MERKEL Was, Sie haben mitgezählt?

STEINBRÜCK Na klar. Gabriel und Steinmeier haben nicht mitgezählt. Die mussten Pressestatements abgeben. Aber wir Alten, wir haben alle zusammen ausgezählt. Ich hab da ein ganz bewährtes Verfahren weiterentwickelt, das Prinzip der modernen internationalen Arbeitsteilung von Adam Smith.

MERKEL Um Gottes willen!

STEINBRÜCK Na ja, ich hab ja mal Wirtschaftswissenschaften studiert. Ich hab da gesessen und hab die Rückumschläge der Mitglieder aufgemacht, Franz Müntefering hat die Wahlumschläge aus den Rückumschlägen rausgeholt. Und Herta Däubler-Gmelin hat die Wahlumschläge geöffnet. Egon Bahr hat die Stimmzettel rausgezogen: Und Helmut Schmidt hat sortiert nach Ja und Nein.

MERKEL   Der war auch dabei!?

STEINBRÜCK   Ja, bei Helmut Schmidt hat es so ein bisschen gestockt. Aber so 'n alter Mann will ja auch mitmachen. Und Hans-Jochen Vogel hat abgeglichen, ob die Wähler auch ihre Mitgliederbeiträge bezahlt haben. Wenn nicht, gingen die entsprechenden Stimmzettel nebst Wahl- und Rückumschlag in eine soziale Härtefallkommission. Und der saß ein Mann vor aus Ihrer Partei.

MERKEL   Wie bitte!?

STEINBRÜCK   Ein echter, bewährter Politiker der katholischen Soziallehre: Heiner Geißler!

MERKEL   Ach, das freut mich aber. Und dann saßen Sie da alle in der SPD-Parteizentrale?

STEINBRÜCK   Nein, doch nicht da! Wir Alten saßen am Prenzlauer Berg, bei Wolfgang Thierse im Keller. An einem ausgeklappten Tapeziertisch. Hinter uns war so 'n Heizkörper. Und entweder war der brüllend heiß oder eiskalt. Aber nix dazwischen.

MERKEL   Ach, und da haben Sie dann zusammen ausgezählt?

STEINBRÜCK Jo! Und nach einer Stunde haben wir die Positionen gewechselt. Das gehört ja zum Prinzip der modernen Arbeitsteilung.

MERKEL Ja, das ist ganz modern!

STEINBRÜCK Damit keiner über allzu routinemäßiger Tätigkeit wegdöst. Und Sigmar Gabriel hat gelegentlich reingeschaut und hat gesagt, dass wenn eine Nein-Stimme irgendwie zittrig oder wackelig und unleserlich aussieht, dass die als ungültig zählt.

MERKEL Ach, und so ist die SPD dann auf 76 Prozent Zustimmung gekommen?

STEINBRÜCK Nee, im Ernst, da war ja Hans-Jochen Vogel davor. Der ist ja ein ganz akkurater Jurist. Der hat den Gabriel nachher gar nicht mehr reingelassen und dem Thierse dann vorgeschrieben, uns im Keller einzuschließen, bis alle Stimmen ausgezählt sind. Der Einzige, der dann da unten noch reinkam, war der Thierse selbst. Der hat uns Brötchen geschmiert, und da haben wir uns richtig gefreut, und der Thierse war ganz stolz und hat über's ganze Gesicht gestrahlt. Und die Herta hat sich entzückt über die »ofenwarmen Wecken« gefreut. Aber da ist der Thierse krebsrot geworden im Gesicht und ist ausgeflippt: »Das sind Schrippen! Echte Schrippen! Mit Hackepeter! Und keine Wecken und Croissants und so 'n importiertes Zeugs!« Aber was für ein Bombenergebnis! 76 Prozent Zustimmung! Und das in der SPD!

MERKEL   76 Prozent Zustimmung letztendlich für mich als Kanzlerin.

STEINBRÜCK   Ja! Okay ... Wenn Sie so wollen, auch das ... Frau Merkel, Sie sind eben in der falschen Partei.

MERKEL   Ja, und Sie erst mal.

Der werfe die erste Rolltreppe
Horst Evers, 2013

Lese einen Bericht über den Flughafen Schönefeld. Vermutlich wird man demnächst wohl eine weitere Verlegung des Eröffnungstermins bekannt geben. Wahrscheinlich wird es jetzt der Herbst 2014 oder sie verschieben es doch auf 2015 oder 2016 oder vielleicht auch auf Leipzig. Zunächst sind sie aber noch damit beschäftigt, die Mängel aufzulisten. Das wird wohl erst mal 5 oder 6 Monate dauern. Mindestens. Ich finde das gut. Das Ganze hätte auch viel schlimmer kommen können.

Im Sommer 2012, als dieser Flughafen ja eigentlich hätte eröffnet werden sollen, war bereits alles vorbereitet. Alle Einladungen verschickt, Caterer organisiert, Kulturprogramm, Luftschau, Kinderfest. Es war alles, alles fertig.

Insofern fand ich es einigermaßen umsichtig, dass die Betreiber so 4 oder 5 Wochen vor der Eröffnung sich trotzdem auch einmal den Flughafen angeguckt haben. Wie weit der denn eigentlich ist?

War mir sehr sympathisch, weil ich das immer ganz genauso mache. Kurz bevor es losgeht, einmal durchatmen und in Ruhe gucken: »Haben wir auch wirklich alles? Ist an alles gedacht? Gibt es Brandschutz? Sind auf allen Gebäuden Dächer?«

Denn das wäre noch viel peinlicher gewesen. Den Flughafen eröffnen, und nach zwei, drei Tagen Betrieb guckt einer hoch und sieht: »Ach, kein Dach!«

Dann wäre es richtig unangenehm geworden. Man hätte ja nicht mehr sagen können, man wäre nicht fertig geworden. Schließlich ist eröffnet worden. Also wären sich Begründungen aus den Fingern gesogen worden. Es wären Sätze gekommen wie:

»Ja, das ist eben so ein offenes Konzept. Ohne Grenzen, ohne Dach, denn es ist ja ein Flughafen, da wollten wir eine direkte Verbindung zum Himmel herstellen. Ohne störendes Dach, ein ganzheitlicher Flughafen, bei dem man sich schon während des Eincheckens in der Schlange freut: ›Guck mal, da oben, da im Himmel, da bin ich gleich! Ist auch frei gerade, wie schön.‹ Natürlich ist hierauf, auf diese ›Ohne-Dach-Vision‹, auch das gesamte Brandschutzkonzept abgestimmt. Es muss halt regnen, aber dann greift alles ineinander.«

Solche Erklärungen wären mir noch viel unangenehmer gewesen. Da finde ich den jetzigen Umgang ehrlicher und würdevoller.

Rund 20 000 Mängel hat man bisher festgestellt. Teilweise durchaus spektakuläre, wie die zu kurzen Rolltreppen. Davon gibt es wohl mehrere zwischen den einzelnen Stockwerken. Viele Berliner fragen sich, wie so etwas passieren kann. Ich nicht. Ich kenne solche Phänomene durchaus von manchem Ding, das ich in meinem Leben gebaut habe. Auf einmal fehlt irgendwo ein Stück. Das geht ganz schnell. Auch und gerade bei Rolltreppen. Wer hat das denn noch nicht erlebt? Ein Zollstock hat nun mal nur zwei Meter Länge. Da muss man natürlich anhalten, nach zwei Metern. Dann hat man gerade keinen Bleistift oder man kann's nicht richtig sehen, also hält man den Daumen hin und während man den Zollstock hochschiebt, muss nur mal einer was rufen, man dreht sich leicht, der Daumen rutscht in der Bewegung ein bisschen nach oben und, zack, fehlt später so ein Stück. Also, ich würde sagen, wem das noch nicht passiert ist, der werfe die erste Rolltreppe.

Ich fände es wirklich spannend, diese Rolltreppen mal

zu sehen oder auch die absackenden Böden. Wäre auch bereit, dafür zu zahlen. Ich glaube, viele andere Menschen gleichfalls. Ich kenne einige. Mit entsprechenden Führungen könnte man da sicherlich einen Brocken von den Mehrkosten wieder auffangen. Zumal das Licht ja ohnehin Tag und Nacht brennt.

Das war auch ein Mangel, den ich faszinierend fand. Als die Bauleitung mitteilen musste, sie wissen leider nicht, wie man das Licht ausmachen könnte. Solche Probleme sind doch auch Chancen. Daraus könnte man eine schöne Challenge gestalten, wo Menschen aus aller Welt nach Berlin kommen und jeder versucht mal, hier am Flughafen das Licht auszumachen. Viele kämen bestimmt mit eigenen Schalterkonstruktionen. So was wäre ein Ereignis. Man könnte einen richtigen Bürgerflughafen propagieren, wo jeder mal mitbauen kann.

Aber wahrscheinlich werden sie einfach heimlich weiterbauen. Das wird auch gehen. Irgendwann werden sie es schon schaffen. Davon bin ich überzeugt. Irgendwann wird irgendwo irgendwie irgendwas eröffnet werden. Es ist noch immer irgendwo irgendwie irgendwann irgendwas eröffnet worden. Man wird schon gar nicht mehr dran denken. Man wird beim Frühstück sitzen, in die Zeitung gucken und plötzlich sehen.

»Ach, guck mal, jetzt haben sie's eröffnet.«
»Was?«

»Na, der Flughafen, jetzt ist er eröffnet.«

»Welcher Flughafen?«

»Na, der Flughafen, weißte doch, hat doch Opa immer von erzählt …«

»Was ist denn ein Flughafen?«

»Na früher, wenn man verreisen wollte, da gab es so Flugzeuge und dafür brauchte man einen Flughafen, und der ist jetzt eröffnet.«

»Ach, und machen sie das mit den Flugzeugen dann auch wieder?«

»Nee, das wär ja doof für die Umwelt. Nein, nein, sie schreiben, es wäre der weltweit erste Flughafen, der direkt bei der Eröffnung schon ein Museum ist. Das ging jetzt mal wirklich schnell.«

Drohnen – ein Fachvortrag
»Flugkapitän« Bov Bjerg, 2013

Vielen herzlichen Dank für die freundliche Einladung!

Zur Gliederung.
Punkt 1 wird sein: Einleitung und Kleiner Scherz zur Auflockerung
Punkt 2: Technische Grundlagen
Punkt 3: Die Drohne als Marke

Punkt 4: Sicht des Laien, Sicht des Fachmanns
Punkt 5: Die Drohne und Deutschland

EINLEITUNG UND KLEINER SCHERZ ZUR AUFLOCKERUNG

Unsere amerikanischen Verbündeten haben bekanntlich das Handy von Frau Merkel überwacht. Im Bundeskanzleramt ist dadurch eine gewisse Unruhe entstanden. Eine Unruhe, die durchaus nachvollziehbar ist, denn auf die Überwachung und die Ortung eines Handys folgt in vielen Fällen der Drohnenschlag.

Ein Drohnenangriff aufs Kanzleramt, das ist natürlich grenzwertig. Man muss bedenken: Da arbeitet ja nicht nur Frau Merkel. Da arbeiten ja auch Unschuldige.

Kleiner Scherz zur Auflockerung, Frau Merkel, Sie sehen's mir nach.

TECHNISCHE GRUNDLAGEN

Es gibt Aufklärungsdrohnen und Kampfdrohnen. Die einen gucken bloß, die andern können gucken und schießen.

DIE DROHNE ALS MARKE

Die Bundeswehr wollte eine neue Aufklärungsdrohne haben, die hieß »Euro Hawk«. (So heißt sie immer noch, aber die Bundeswehr hat sie halt nicht.)

Schon der Name »Euro Hawk« zeigt das grundsätzliche

Problem mit Drohnen: das wirklich, Entschuldigung, bescheidene BRANDING.

Hawk heißt »Falke«. Klingt kämpferisch, andererseits denkt der Zivilbürger, wenn er von Raubvögeln hört, unwillkürlich an die Opfer, in diesem Fall: putzige Mäuschen, niedliche Kaninchen und vom Aussterben bedrohte Feldhamster.

Die populärste Kampfdrohne der USA heißt »Reaper«, auf Deutsch: Sensenmann.

Eines muss auch der schärfste Kritiker unseren Verbündeten zugutehalten: Die US-Armee neigt nicht zum Euphemismus.

Schon das Wort Drohne selbst hat einen schlechten Leumund. Im Duden steht es, genau wie im Gehirn, zwischen Drohen und Dröhnen, und durch die permanente negative Berichterstattung ist die Vokabel irreparabel semantisch kontaminiert.

Wenn wir uns die Drohne als MARKE vorstellen, muss man sagen: Bei der Etablierung dieser Marke wurde so ziemlich jeder Fehler gemacht, den man machen kann. Jedes moderne Unternehmen hätte versucht, eine aufkommende negative Presse frühzeitig zu entschärfen: Eine persönliche Facebook-Seite für jede Drohne, auf der täglich die schönsten Luftaufnahmen gepostet werden – das sind ja landschaftlich zum Teil traumhafte Gegenden; ein Twitter-Account mit launigen Drohnen-Tweets (»Ui, 20tausend Fuß, mir wird schon ganz schwindelig!«, oder: »Tschakka, 1:0!«) und so weiter.

Aber bevor man auch nur einen Cent in Image-Werbung investiert, hätte man das Ding erst einmal anders benannt.

Stichwort REBRANDING: anderer Name fürs gleiche Produkt, anderes Image, zack, ist es beliebt.

Eine Drohne ist ja nichts anderes als eine männliche Biene. In der deutschen Kultur gibt es eine sehr beliebte Drohne, jedes Kind kennt sie: Willi. Willi, der Kumpel von Biene Maja. Bisschen faul, bisschen doof, aber harmlos.

Ich habe mal einem britischen NATO-Offizier vorgeschlagen, Drohnen zukünftig offiziell als Willys zu bezeichnen, aber der hat nur dreckig gelacht.

SICHT DES LAIEN
Über die leider wohl auch in Zukunft so genannten Drohnen und über die gezielten Tötungen, die diese Drohnen ausführen, wird meistens aus einer relativ laienhaften Sicht berichtet, aus der Sicht der Opfer. Dabei bleibt unberücksichtigt, dass diese Leute in aller Regel nur einen kurzen Moment des Drohneneinsatzes erleben.

Sehr geehrte Damen und Herren, Sie werden mir sicher zustimmen, wenn ich konstatiere, dass die Kompetenz dieser Laien relativ eingeschränkt ist – und, man muss ergänzen: obendrein oft persönlich gefärbt.

Einige Leute beim Militär wundern sich bereits, warum die gezielte Tötung von Privatpersonen, die niemals irgendwo angeklagt worden sind, geschweige denn verurteilt, warum diese Tötungen und die notgedrungen damit einhergehende Tötung von Personen, die noch nicht einmal irgendeiner Tat beschuldigt werden, warum das alles doch relativ wenig Aufsehen in der westlichen Öffentlichkeit erregt.

Kann ihnen sagen, warum.

Beispiel: Waziristan, im Norden von Pakistan.

Da hören die Leute Tag und Nacht, rund um die Uhr, dieses Surren am Himmel.

Ab und zu knallt es in der Nachbarschaft, und eine Hütte ist kaputt und ein Nachbar ist tot, von dem viele vielleicht gar nicht wussten, dass der deshalb jeden Tag aufs Feld gegangen ist, weil er mit seinen Ziegen einen Terroranschlag ausbaldowert hat.

Wir wissen nicht, wie die Menschen da unten so etwas empfinden. Es ist ja doch, Hand aufs Herz, sehr die Frage, ob so ein Pakistaner oder Somali, dessen alltägliches mühsames Leben ja nun nicht gerade eine Schule der Empfindsamkeit ist, ob dieser Somali tatsächlich in der Lage ist, ebenso wie ein US-Amerikaner oder ein Europäer, der in einem richtigen Haus lebt, vielleicht mit einem kleinen Garten drum herum, und der vielleicht sogar Abitur hat und ein frisch gewaschenes Auto vor der Garage, ob dieser Somali überhaupt in der Lage ist, ähnlich wie ein Europäer wirklichen psychischen Stress zu empfinden oder Angst oder Trauer.

Wenn das so wäre, also, wenn gesichert wäre, dass das Seelenleben dieser Menschen ähnlich komplex und tiefgründig ist wie unseres, dann wäre die Empörung sicherlich groß, völlig zu Recht, und dann müsste man diese Drohnenangriffe natürlich einer gründlichen Überprüfung unterziehen. Wir sind ja keine Barbaren.

SICHT DES FACHMANNS
Aus der Sicht des Fachmanns ist der Einsatz von Drohnen höchst ambivalent.

Für den Soldaten im Kriegseinsatz war die strikte räumliche Trennung von Arbeit und Freizeit immer selbstverständlich. Entweder du warst im Krieg, oder du warst zu Hause.

Nicht wenige Männer melden sich ja genau deshalb freiwillig.

Der Einsatz von Drohnen macht diese Trennung obsolet. Die Dinger fliegen irgendwo am Ende der Welt rum, aber der, der sie steuert, sitzt mitten im Heimatland an seinem Monitor.

Heute sieht es so aus, dass ein US-amerikanischer Drohnen-Pilot morgens Frau und Kindern Tschüss sagt, Goodbye, Bussi, ins Auto steigt und ein paar Minuten auf dem Highway zur Arbeit fährt.

Er trägt keine Stiefel mehr, sondern gewöhnliche Straßenschuhe, und sogar die ziehen manche Kollegen im Büro aus, und dann sitzen sie den ganzen Tag in Socken da.

Der Pilot holt sich einen Kaffee, macht es sich am Computer gemütlich, lenkt die Drohne, observiert seine Ziele und lernt sie ein wenig näher kennen. Ab und zu beendet er die Bekanntschaft durch eine Rakete, so geht das bis Mittag. Ab in die Kantine, schönes Steak mit doppelt Pommes, Muffin zum Nachtisch oder ein Stück vom leckeren Cheesecake, und danach geht's weiter.

Besonders kritische Zeit: Mittagstief, plus/minus 14 Uhr, Fressnarkose, da muss man natürlich aufpassen beim Abdrücken mit dem Timing.

Die größten Gefahren, denen der moderne Militärpilot ausgesetzt ist: ein fußkaltes Büro und latentes Übergewicht.

Man braucht, lassen Sie mich das offen sagen, man braucht schon ein sehr ausgeprägtes Selbstbewusstsein als Kampfflieger, um sich bei dieser Arbeit noch wie Manfred von Richthofen zu fühlen.

Für einen jungen Berufsanfänger mag das dennoch verlockend klingen, ruhige Kugel usw. – und im letzten Jahr wurden zum ersten Mal in den USA mehr Piloten für Drohnen ausgebildet als für Kampfjets.

Aber Achtung! Langfristig werden diese Piloten keine Staatsangestellten bleiben. Die Kriegsführung in anderen

Bereichen wird bereits jetzt zum großen Teil von privaten Dienstleistern übernommen.

Privatunternehmen können einfach besser und effizienter Krieg führen, als der Staat das je hinkriegen würde.

Es ist wie damals bei der Deutschen Bundespost. Das war ja alles viel zu teuer, viel zu bürokratisch.

Seit die Post Konkurrenz hat, gerade beim Paketdienst, funktioniert die Zustellung viel besser, die Kunden sind zufrieden, die Angestellten sind zufrieden, und eine Menge gut bezahlter Arbeitsplätze ist auch entstanden, bei UPS und bei Hermes und bei Amazon und bei Zalando. – Kleiner Scherz zur Auflockerung.

Der Drohnenpilot der Zukunft ist selbstständiger Subunternehmer. Er arbeitet jetzt zu Hause, die Monitore stehen in der kleinen Kammer neben dem Kinderzimmer, na ja, was heißt Kammer, früher, als noch ein ordentliches Einkommen da war, war es der Kleiderschrank.

Er kann sich seine Arbeitszeit frei einteilen, und jeder Kleinunternehmer weiß, was das heißt: Ob er nun 60 Stunden in der Woche arbeitet oder 70, da macht ihm keiner Vorschriften.

Mit der linken Hand stellt er in der Uckermark Päckchen zu, mit der rechten steuert er die Kampfdrohne über Pakistan, und wenn er Glück hat, verwechselt er nichts.

Dauernd kommen die Kinder rein, »Papa darf ich auch mal lenken? Bitte, bitte, bitte!«

»Raus hier! Ihr fasst hier nix mehr an! Ihr wisst, was neulich mit Angermünde passiert ist!«

Die Kinder sind noch zu klein, um bei der Heimarbeit mitzuhelfen, aber wer weiß, wenn sie 14 oder 15 sind und sich geschickt anstellen, warum nicht?

DIE DROHNE UND DEUTSCHLAND

Drohnen sind in Deutschland bereits Thema, auch wenn es derzeit nur um Aufklärungsdrohnen geht.

Die Bundeswehr hat eine halbe Milliarde Euro für die Entwicklung der Aufklärungsdrohne »Euro Hawk« ausgegeben, um schließlich festzustellen, dass diese Drohne nicht sicher genug ist, um über bewohntem Gebiet zu fliegen. Um aber Gebiete aufzuklären, in denen sich ohnehin niemand aufhält und in denen sich nichts bewegt, braucht man keine Aufklärungsdrohnen für eine halbe Milliarde Euro, da genügt der Große ADAC-Auto-Atlas für 29,99.

Noch hat Deutschland selbst keine Kampfdrohnen, aber selbstverständlich unterstützen wir den Einsatz unserer Verbündeten nach Kräften.

Auf den US-Stützpunkten in Ramstein und in Stuttgart werden die Drohneneinsätze in Asien und Afrika geplant und koordiniert, und was die Auswahl der Ziele betrifft, da ist die engagierte Zuarbeit des Bundesnachrichtendienstes unverzichtbar.

Die Abhöranlage des BND in Bad Aibling in Bayern sammelt ununterbrochen Telefon- und Internet-Verbindungsdaten in Asien und Afrika. Jeden Monat 500 Millionen Verbindungsdaten, Telefonnummern, Ortungsangaben und so weiter, die wir unseren Verbündeten selbstverständlich zur Verfügung stellen. So mancher Terroranschlag konnte dank der Informationen des BND durch einen präzisen Drohnenangriff frühzeitig verhindert werden. Oft zu einem Zeitpunkt, als der Terrorist selbst noch gar nichts von seinen Plänen wusste.

Sicher, das wirkt alles noch ein wenig bemüht. Noch reichen die Anstrengungen Deutschlands nicht ganz aus, um in den allerengsten Club der Geheimdienste aufgenommen zu werden, in die sogenannte Allianz der »Five Eyes«, der fünf Augen: Australien, Großbritannien, Kanada, Neuseeland und die USA. Aber das ist nur eine Frage der Zeit.

Auch so eine Denkwürdigkeit, lassen Sie mich das abschließend anfügen, dass dieser exklusive Zirkel von fünf Nationen sich »Five Eyes« nennt, und nicht »Ten Eyes«.

Aber so ist das nun mal: Unter den Blinden sind die Einäugigen König.

Geheimer, also dadurch für die dann ja quasi offener Brief an die NSA
Horst Evers, 2013

Werte NSA, britischer Geheimdienst, BND und / oder sonstige überwachende Dienste und Organisationen, da ich keine ganz genaue E-Mail-Adresse von Ihnen habe, schreibe ich einfach mal in den Betreff:

Bomben, Bomben, Terrorstaat, Allah Akbar und Attentat.

Damit sollte Sie diese Post ja wohl automatisch erreichen.

Also: Diese ganze Überwachungsgeschichte ist ja schon irgendwie eine zweischneidige Sache.

Auf der einen Seite ist man selbstverständlich geschmeichelt.

Auch ich bemerke: Ach, guck mal, die interessieren sich für dich, das ist ja schon irgendwie nett. Wie oft denkt man sonst: »Ach, wer interessiert sich schon für den Quatsch, den ich so mache. Das will doch nu wirklich keiner wissen. Alles unwichtiges Zeug.«

Aber jetzt zu sehen: Nein, da ist jemand, der nimmt Anteil, kümmert sich, reflektiert mein Leben, zumindest mein virtuelles. Das ist schon in gewisser Weise erhebend.

Wie oft beispielsweise meinte ich nächtens so gegen 3 Uhr: »Boah, nee, du hast wieder völlig sinnlos deine Zeit im Netz verschwendet. Bist unnütz, planlos rumgesurft. Die halbe Nacht, für nichts und wieder nichts. Umhergeklickt ohne irgendeinen Nutzen ...«

Aber jetzt weiß ich, es war nie sinnlos. Da ist jemand, der interessiert sich dafür. Betreibt sogar einen riesigen Aufwand, erfindet ständig neue Technologien, gibt Unsummen Geld aus, lässt sich alles nach Amerika schicken und wieder zurück.

»Guck mal, der Evers mailt und surft wieder. Yippie!!«

Ich weiß gar nicht, wie vielen vermeintlich sinnlos, schwachsinnig verdödelten Stunden meines Lebens der letzten Jahre Sie dadurch quasi rückwirkend doch noch einen Sinn gegeben haben. Dafür danke schön.

Doch nun, da ich von Ihnen weiß, Ihren Mühen und auch den enormen Kosten, hat das Ganze irgendwie seinen Zauber verloren.

Es ist doch Quatsch, wenn ich mich jetzt manchmal dabei ertappe, wie ich gegen halb 12 schon total müde bin, aber denke: »Nee, du kannst noch nicht ins Bett, die warten doch, dass du noch was mailst und surfst ... die wären doch enttäuscht ... reiß dich zusammen ...«

Und daher, denke ich, sollten wir unsere Beziehung ab jetzt vielleicht sinnvoller und besser organisieren. Mein Vorschlag wäre, dass ich meine Überwachung von nun an selbst übernehme. Ich gucke einfach auf alles, was ich so tue, denke oder mache, und wenn was ist, sage ich Bescheid. Dafür bekomme ich einen erheblichen Anteil der eingesparten Kosten.

Im Prinzip stelle ich mir das analog zum deutschen Betreuungsgeld vor. Dort verzichtet man ja auch auf eine staatliche Leistung, die Kinderbetreuung, macht das stattdessen selbst und bekommt dafür die Betreuungskosten sozusagen ausgezahlt.

Demnach würde ich jetzt also auch einfach auf die staatliche oder sogar überstaatliche Leistung der Überwachung verzichten. Mache das stattdessen selbst, und Sie können mir das eingesparte Geld dann ja einfach überweisen. In Ordnung?

Ich denke mal, meine Kontonummer haben Sie ja sowieso.
Vielen Dank.

Zur Orientierung lasse ich Ihnen anbei schon mal einen ersten Überwachungsbericht zur freundlichen Kenntnisnahme und Ablage.

Überwachungsbericht: Evers 1
Donnerstagmorgen, 7.02 Uhr, das Kind muss zur Schule.

Bin offiziell wach, aber Hirn befindet sich noch im Ruhezustand. Öffne Zimmer der Tochter. Versuche Sprachsteuerung, also sage:

»Guten Morgen. Und jetzt aufstehen! Der Tag freut sich auf uns! Also auf dich noch mehr als auf mich.«

Sprachsteuerung versagt, die Tochter bleibt liegen.

Gut, dann eben kompletter Systemneustart. Durch externes Startvolumen, also CD. Reiße die Vorhänge auf und starte ihre Musikanlage. Respektable Lautstärke. Es läuft Macklemore, »Thrift Shop«: »dad dadadadaaa… dad dad dadada dad dad dadaaa… this is fucking awesome.« Schönes Stück. Nehme es direkt in meine Playlist auf. Sprich, das wird mir jetzt den ganzen Tag nachlaufen. »This is fucking awesome.«

Aber erst mal Wechsel ins Badezimmer. Schön Klo sitzen, schön. Gehe zurück in Ruhezustand. Tochter kommt rein. Frage sie, ob es sie stört, wenn ich auf dem Klo schlafe, während sie sich wäscht. Sie schaut wie ein Systemabsturz. Schließe die Anwendung Toilette und wechsle in die Küche.

In der Küche neuer Statusbericht. Hallo, Horst. Du hast insgesamt 1650 neue Freundschaftsanfragen von Fruchtfliegen. Um ihre Freundschaftsanfragen zu bestätigen, lasse einfach noch eine zweite Banane dunkelbraun bis schwarz werden. Schaue auf die Bananen. Na, sieht so aus, als ob ich in Kürze alle Anfragen bestätige.

Der Kühlschrank bietet mir auf meine Anfrage hin eklige Wurst, einen Riesenklops Butter und diverse halb bis drei viertel gefüllte Marmeladengläser an. Denke: »This is fucking awesome!«, und dann: »Kunden, denen dieser Kühlschrankinhalt gefallen hat, interessierten sich auch für seltene Hautausschläge, schlimme Naturkatastrophen und die Innenstadt von Cuxhaven.«

Frage die Tochter, ob sie eigentlich auch eines dieser Kinder ist, die einfach den Inhalt ihrer Frühstücksdose in der Schule in den Mülleimer werfen.

Sie schaut mich entrüstet an: »Natürlich nicht.«

Zucke die Schultern: »Schade, dann habe ich nichts, was ich dir in die Frühstücksdose mitgeben kann.«

Sie gibt mir die Frühstücksdose, ich gebe ihr Geld für den Bäcker. Sie geht los, schließe die Tür. Endlich allein. Also fast.

Bekomme Hunger. Schaue noch mal in den Kühlschrank. Tiefkühlfach. Eine Tiefkühllasagne. Die liegt da mindestens schon seit Anfang des Jahres. Tiefkühllasagne, war da nicht was? Denke: Kunden, denen diese Tiefkühllasagne gefallen hat, interessierten sich auch für unsere Pferdekalender. Andererseits: Pferdefleisch an sich ist ja gar nicht schlimm, also nicht schlimmer als anderes Fleisch, nur eben ungewohnt. Aber ein Lebensmittelskandal in dem Sinne war das ja deshalb eigentlich gar nicht. Haben letztlich alle gesagt, sogar der Verbraucherschutz. Nur ein Kennzeichnungsskandal. Also, wenn man jetzt auch noch den Sattel in der Lasagne gefunden hätte, dann ja, aber so? Bin aber trotzdem nur vom ins Tiefkühlfach gucken quasi satt geworden. Schlimme Kühlschrankinhalte sind doch immer noch die beste Diät.

Schließe meinen Überwachungsbericht für Donnerstagmorgen ab. Terroristische Tätigkeiten: null, aber vermutlich mit schlimmen Sachen angereichertes, bombenfähiges

Material in Kühlschrank – empfehle weitere Überwachung meiner selbst.

So. Bekomme schon wieder neuen Statusbericht: Hallo, Horst, alle deine neuen Fruchtfliegenfreunde haben heute Geburtstag. Hilf ihnen doch zu feiern. Denke: »This is fucking awesome.«

Ursula von der Leyen: Attraktivitätsoffensive
Hannes Heesch, 2014

Liebe Freundinnen und Freunde der Kleinkunst,

schenken Sie mir fünf Minuten Ihrer Zeit, unsere Soldatinnen und Soldaten haben es verdient. Ja! Die Bundeswehr, sie ist aktiv! Sie ist attraktiv! Sie ist anders, auch wenn uns hier und da hoch spezialisiertes Personal fehlt, und im Detail Materialprobleme behoben werden müssen. Insbesondere bei unseren sechs U-Booten, von denen sechs nicht einsatzfähig sind. Unterwasser gehen kann derzeit nur das Segelschulschiff *Gorch Fock*. Kleinere und größere Unannehmlichkeiten auch bei unserem Fluggerät. Bei den Hubschraubern, beim Eurofighter, bei unseren Transall-Maschinen.

Ich betone hier an dieser Stelle, leider haben die Vereinten Nationen unsere Transall-Maschinen für den Mali-Einsatz jetzt abgelehnt, weil wir im Mai verletzte afrikanische

Soldaten aus dem umkämpften Kidal ausnahmsweise nicht bergen konnten, da unsere an sich hoch einsatzfähigen Flugzeuge bei großer Hitze nicht abheben und bei Dunkelheit nicht landen können. Daher haben wir uns für die überwiegende Mehrheit der Transall-Maschinen andere strategisch ungleich bedeutendere Einsatzgebiete ausgesucht, vor allem in Speyer, im dortigen Technikmuseum. Oder in Berlin-Gatow, im Militärhistorischen Museum der Bundeswehr.

Und auch das Museum für Luftfahrt und Technik in Wernigerode hat jetzt zwei Transall-Maschinen angefordert. Dorthin werden wir die ursprünglich für Mali vorgesehenen Maschinen erfolgreich verlagern. Sie stehen derzeit ohnehin auf dem Flugplatz Ballenstedt im Ostharz. Auf Schwertransportern werden wir die Maschinen am Boden in das 48 Kilometer entfernte Wernigerode mit größter Erfahrung transferieren.

Und dennoch ist der bevorstehende Einsatz eine enorme Herausforderung: Die B6 ist eine kurvenreiche Strecke durch unwägbares steiniges Gelände im Ostharz.

Aus der Luft konnten wir beobachten, dass sich sowohl an der Benzigeröder Chaussee als auch an der Rudolf-Breitscheid-Straße schwer einzusehende Kreisverkehre befinden. Hinzu kommt der hoch komplizierte Umgang mit der dort ansässigen einheimischen Bevölkerung im Ostharz, die der Bundeswehr immer noch irrsinnig kritisch gegenübersteht und deren Bereitschaft obendrein ausgesprochen gering ist, einen Schwertransport auf einer Strecke von 48 Kilometer Landstraße nicht überholen zu können.

Nicht zuletzt deshalb hätte ich nun doch sehr, sehr gerne die von meinem Vorgänger Thomas de Maizière ausgesetzte EURO-HAWK-Drohne für luftgestützte Aufklärung und Feindüberwachung, deren Flugreichweite idealerweise in etwa der Ausdehnung des Ostharzes entspricht. Alternativ kann ich aber auch Fallschirmjäger unseres Kommandos Spezialkräfte KSK als Vorauseinheit auf den Weg schicken, um das Terrain zu erkunden, und zwar mit dem dort verkehrenden sehr, sehr zuverlässigen Linienbus: Und zwar die Linie 17, Haltestelle Felsenkellerweg über Bad Suderode, Stecklenberg bis Thale, Haltestelle Steinbachweg, dort Umsteigen in die Linie 4. Das ist kein Problem für die Bundeswehr. Jedenfalls nicht für unser Kommando Spezialkräfte, obwohl zum Umsteigen ganz, ganz wenig Zeit bleibt. Das kriegen die Jungs hin, und zwar auf faszinierend flinke Weise.

Jetzt werden Sie sicherlich einwenden, warum werden die hoch ausgebildeten Fallschirmjäger nicht einfach von unserem nagelneuen Airbus A400M über dem Zielgebiet abgeworfen? Ganz einfach, weil er dafür keine Genehmigung besitzt. Das heißt, er müsste mit Mann und Maus auf Landeanflug gehen. Und dafür reicht der Aktionsradius einer Mittelinsel im Kreisverkehr in der Regel nicht aus.

Für einen solchen Einsatz bräuchte ich dann den Helikopter MH90. Aber der existiert ja nur noch in Form von vielen,

vielen unvollständigen Einzelteilen. Das ist manchmal ärgerlich, aber auch unvermeidbar, das kennen Sie aus eigener Erfahrung von den sehr, sehr teuren LEGO-Bausätzen Ihrer Kinder. Immerhin, die Rotorblätter des MH90 dienen uns heute im Stützpunkt Masar-e Scharif als äußerst einsatzfähige Deckenventilatoren.

Ja! Die Bundeswehr ist eine grundsolide, sie ist eine geschätzte, überall respektierte und geachtete Truppe! Die Bundeswehr geht in die Attraktivitätsoffensive: 40 Stunden Regelarbeitszeit, Vereinbarkeit von Familie und Beruf, bessere Kinderbetreuung an den jeweiligen Standorten. Da können sich sowohl die IS-Kämpfer als auch die Separatisten in der Ostukraine jetzt schon warm anziehen.

Darüber hinaus ist die Bundeswehr einer der größten Ausbildungsbetriebe weltweit. So etwa für die kurdischen Peschmerga in unserem Basislager in Erbil. Wir haben jetzt in zwei einwöchigen Lehrgängen insgesamt sage und schreibe 56 Peschmerga in Hammelburg an der Taktischen Mobilen Feldküche 250 ausgebildet, besser bekannt als hoch einsatzfähige Gulaschkanone. 15 Verpflegungsunteroffiziere und 4 Dolmetscher der Bundeswehr waren dafür 8 Stunden täglich im Einsatz. Zusätzlich liefert die Bundeswehr Feldküchenrüstzeug wie Schöpfkellen, Pürierstäbe, Knoblauchpressen, Reiben, Schaumlöffel, Nudelhölzer und ein oder zwei Militärseelsorger in das betroffene Krisengebiet nach Erbil.

Ich weiß auch, mit diesem Material können die Peschmerga kochen, aber unser Basislager nur notdürftig verteidigen. Aber ich gebe zu bedenken, mit unseren Sturmgewehren G3 und G36 könnten sie weder das eine noch das andere.

Kiewer Runde
Manfred Maurenbrecher, 2014

Ich saß an der Hotelbar einem Trinker gegenüber,
der sagte: »Wer so lügt wie ich, muss saufen drauf, mein
   Lieber.
Zerlegte Leichenteile, Trümmerhaufen zum Durchwaten,
ich verschweig es alles, es sind die Folgetaten
von irrer Macht, die galoppiert gleich hier in den Kulissen,
Kalkül, Verrat und Doppelspiel –
du willst es gar nicht wissen.«
Ich fragte ihn nach seinem Job, er sagte: »Journalist«,
und meine Antwort ganz naiv war die: »Na, dann erzähl
   doch, wie es ist.«
Da lachte er und trank auf mich und rief mit roten Ohren:
»Den Tag, an dem ich schreib, was läuft, hab ich den Job
   verloren.
Denn ich bediene Massen,
die brauchen einen massentauglichen Bericht,
die weiten breiten Massen

kriegen 'ne Ansage, mehr krieg'n sie nicht.
Ein irres Feindbild macht sich gut,
Worte wie: Die Würfel sind gefallen.
Nach Wahrheit suchen bringt nur böses Blut,
abgesehen davon, dass die Auftraggeber nicht dafür bezahlen.«

Neben uns stand länger schon ein arroganter Hänger,
ein Typ, der Frau'n ein Ohr abkaut und wickelt sie dann um den kleinen Finger,
»ich bin«, sprach der, »in diesem Nest vielleicht der produktivste Schieber,
kam her als Menschenrechtsspezialist, vermittle jetzt Waffendeals, mein Lieber.
Ich bin«, so fuhr er fort, »in unsrer Heimat auch ein gewählter Volksvertreter,
soviel ich weiß, war's für die Grünen, ein Karrierebrett für später.
Hier jedenfalls fördere ich im Namen der EU den Demokratieprozess,
für Freiheit, Freihandel, eine freie Armee gegen all den russischen Aggress.
Sehn Sie da drüben die drei Lederjacken mit den Hakenkreuzbinden,
das ist meine persönliche Security – und eh Sie das vielleicht peinlich finden, sag ich ganz klar:

Wir regieren hier Massen,
und die brauchen eine massentaugliche Politik,
die weiten breiten Massen
woll'n ja eigentlich leider immer nur ihr primitives privates Glück.
Ein irres Feindbild tut da gut,
alte Slogans wie dies: Ehrenvoll, fürs Vaterland zu fallen –
dass nur die Furcht nie ruht –
abgesehen davon, dass die Auftraggeber nicht dafür bezahlen.«

Ich fragte: »Auftraggeber – sind Sie denn nicht vom Volk gewählt?«
»Gott, wie naiv«, stöhnt da ganz tief im Barraum sitzend ein kleiner dicker Mann gequält
und winkte mich an seinen Tisch, er lachte: »NATO-Knechte und nichts sonst, da vorn die beiden,
die woll'n die Schürfrechte an diesem Land und werden furchtbar dafür leiden,
denn wir, vereinte Slawen, wir wehren uns mit Blut gegen die schwulen Ami-Banden.«
»Wer sind denn Sie«, frag ich, und er: »Ich bin ein Putin-Troll. Ein Geist, eigentlich nicht vorhanden,
trotzdem ganz präsent, hab mich hierher verlaufen, bin jetzt Zivilist,

in einer Uniform, die Sie erst seh'n, wenn ich Sie festsetze
   und Ihnen ernsthaft schwindlig ist –
denn wir, wir zaubern Massen
von Moskau her, wir ha'm den dazu passenden Traum,
die weiten breiten Massen
woll'n immer gut beschäftigt sein, sonst beherrscht man sie
   ja kaum,
ein irres Feindbild tut da gut, zum Beispiel der perverse
   Westen,
dass nur die Furcht nie ruht –
ein großes klares Wir, das zahlt sich aus am besten.«
Dann war es länger still.
Ich trank etwas.
Ließ einen fahren.
Das stank etwas.
Dann sah ich hoch, und die drei Männer standen seltsam
   einig vor mir,
sie sagten: »Leiden könn' wir uns zwar gar nicht, doch jetzt
   sprechen wir im Chor zu dir,
denn so, mein Freund, wie du uns zeigst, ist jede Würde
   uns geraubt –
du machst uns zu Klischees …«,
und ich sag: Ey, was habt denn ihr geglaubt?
Ich sing für Massen
und brauch natürlich ein massentaugliches Lied,
die weiten breiten Massen

hör'n sowieso nicht gern von diesem sinnlos grausamen,
    herbeigepöbelten Krieg.
Ein irres Feindbild hab ich nicht –
na, dann soll das Lied erst mal mir selbst gefallen.
Wenn ihr schlecht drin wegkommt, ist das genau so gemeint.
Und wenn ihr's anders wollt,
dann muss einer von euch mich schon ziemlich gut dafür
    bezahlen.

Die Computerbranche entdeckt die Zeit
Bov Bjerg, 2014

Seit ich Kinder hab, komm ich zu nichts mehr. Arbeiten, einkaufen, Kinder versorgen, das ist der Tag. Hobbys, die ich mal hatte, bleiben auf der Strecke. Und immer wenn ich in der Zeitung mal wieder von so einem psychopathischen Serienmörder lese, der im richtigen Leben ein völlig unauffälliger Familienvater war, denke ich: Woher nimmt der die Zeit?

Abends irgendwelche Fernsehserien, bis die Augen zufallen, eine halbe Folge wenigstens. *Breaking Bad.* Einen Augenblick später klingelt schon der Wecker, ich steh beim Bäcker in der Schlange, schlaftrunken, und denke: Hm, Baking Bread, auch ganz spannend.

Das kann keinem Chef gefallen, der qualifizierte Leute sucht. Was sollen Leute, die ihre Management-Fähigkeiten am frühen Morgen ausleben, den Rest des Tages noch leisten?

Management, das ist Research (»Wo ist denn jetzt der andere Schuh?«), Development (»Dann zieh halt zwei verschiedene an, von mir aus!«), Controlling (»Du musst den Klettverschluss fester machen!«) und Evaluation (»Ist doch klar, dass du damit über deine Füße stolperst!«), und das alles mit einer Deadline morgens früh um neun.

»Jetzt hör auf zu heulen, zum Kuckuck, du kommst zu spät zum Morgenkreis!« – Ja, sie fluchen »zum Kuckuck«, daran erkennt man die Leute mit Kindern. Lebensnahe Flüche wie »verdammte Hurenscheiße« hört man in solchen Haushalten erst wieder, wenn die Kinder in der Pubertät sind. Von den Kindern.

Und sie schweifen dauernd ab, auch daran erkennt man Leute mit Kindern. Konzentration: null.

Leute, die Karriere machen wollen, dürfen nicht abschweifen. Und sie müssen ausgeschlafen sein.

Und jetzt haben Apple und Facebook ein Problem: Sie wollen unbedingt mehr junge, qualifizierte Frauen einstellen. Aber wie schafft man's, dass die immer schön wach und auf Zack sind? Lösung: Die Frauen frieren ihre Eizellen ein, die Firma zahlt's. Kinder kommen dann später, vielleicht.

Das ist sehr freundlich, einerseits. Andererseits: halbherzig.

Was ist mit den Eltern der Angestellten? Was ist, wenn die pflegebedürftig sind? Kann man die nicht auch einfrieren, bis die Leute mal Zeit zum Pflegen haben?

Noch eine Abschweifung.

Alles ziemlich rätselhaft, die ganze Computerbranche. Wo geht das alles hin? Amazon zum Beispiel. Von wegen Internetbuchhändler. Amazon produziert jetzt seine eigenen Telefone! Ein Telefon von Amazon. »Kunden, die ›Mutti‹ wählten, wählten auch: Oma, Fleurop, Ruf – mich – an!«

Apple hat auch was Neues, aber niemand weiß, was es diesmal ist. Pressespektakel, Präsentation, großes Bohei. Was ist es? Was ist es?
 Es ist … eine Uhr!
 Eine Uhr, die man AM HANDGELENK TRAGEN KANN! Warum ist da vorher keiner draufgekommen? Apple ist SOOO GEIL!
 Der Apple-Chef sagt, mit der Uhr kann sich ihr Besitzer »in seiner Persönlichkeit ausdrücken«. Eine Uhr, auf der es dauernd fünf vor zwölf ist, na, schönen Dank auch.
 Wenn Apple wenigstens eine Uhr erfunden hätte, die immer zehn Minuten *nach*geht. Einfach so. Weil man's kann. Weil man APPLE ist! Und Google bringt eine Uhr, die immer zehn Minuten *vor*geht. Und dann wollen wir doch mal

sehen, wessen Zeit sich durchsetzt! Ach, Apple ist so mutlos geworden. Keine Visionen mehr.

Die ganze Branche …

Abschweifung in der Abschweifung.

Oder Computerspiele. Wenn sie niemand mehr spielen will, werden sie jetzt verfilmt.

Jetzt wird Tetris verfilmt. Tetris, das ist so lange her, dass man sich nicht wundern würde, wenn das Hauptrollenklötzchen von Marika Rökk gespielt wird.

Tetris-Film … Wer tut sich das an? Du kommst ins Kino, in der Reihe ist noch ein Platz frei, du setzt dich hin … plopp, ist die Reihe weg!

Ende der Abschweifung in der Abschweifung.

Eine Uhr von Apple. Die Uhr kann auch den Blutdruck messen, und wie viel man sich bewegt, und dann schickt sie die Daten an die Krankenversicherung, und wer sich ordentlich bewegt, bekommt Rabatt.

Das gibt ein schönes Geschäftsmodell für junge Leute ohne Job: die Gesundheitsuhren von faulen Reichen Gassi führen.

Und die Rentenversicherungen werden solche Uhren einfach verschenken, aber die haben dann ein neckisches Zusatzfeature: Wenn die durchschnittliche Lebenserwartung erreicht ist, fängt die Uhr an zu piepsen, nur so zur ... Erinnerung.

Ende der Abschweifung.

Apple und Facebook bezahlen den Frauen das Einfrieren ihrer Eizellen.
 Die sollten lieber was tun, dass Leute Kinder bekommen können, wann und wie sie wollen, wenn sie wollen! Besserer Mutterschutz. Kindergärten. Hilfe bei der Adoption!
 Ein bisschen Recherche (Recherche, das ist französisch für: googeln), ein bisschen Recherche, und es stellt sich raus: Facebook und Apple machen das alles. Zusätzlich. Bei Apple bekommt jede Mutter bei der Geburt 18 Wochen bezahlten Urlaub. Jeder Vater 6 Wochen. Facebook bezahlt 4 Monate Elternzeit und jede Angestellte bekommt 4000 Dollar pro Geburt. Apple und Facebook bezahlen Kinderbetreuung, Behandlung gegen Unfruchtbarkeit, und bei einer Adoption bezahlen sie Rechtsberatung und Gebühren.
 Dass eine Frau ihre Eizellen auf Firmenkosten einfrieren kann, wenn sie das will, das ist einfach eine Wahlmöglichkeit von vielen im Arbeitsvertrag.
 Scheiß Recherche. Die ganze schöne Kulturkritik im Arsch.
 Egal. Es bleibt unmoralisch, wenn die Frauen ihre Eizellen

einfrieren. Völlig gegen die Natur! Weil, jetzt mal ehrlich: Wenn eine Frau sich jahrelang nicht festlegen muss ... wenn eine Frau sich jahrelang Zeit lassen kann mit der Entscheidung, ob sie nicht eventuell vielleicht möglicherweise doch mal ein Kind will ... dann ... dann wär sie ja ein Mann!

Angela Merkel: Freundliches Gesicht
Text: Bov Bjerg, Gesang: Christoph Jungmann 2015,
Vorlage: Schüsse in die Luft / Kraftklub

Diese Leute komm' mit Booten übers Wasser, saufen fast
   ab
und nicht nur fast – und auf den Straßen gepresst in Laster,
sie haben diesen Hass satt, verjagt von ISIS und von Assad,
ihre Tage traurig grau, tragen sie nur ihre Haut.

Und ich hab immer treu geglaubt, die sind bloß faul,
   irgendwie fies,
und dann hieß es irgendwann: »Refugees welcome!«
Viele bringen Essen, Spielzeug, Kleidung, doch der Rest,
der hockt im Nest vor der Glotze rum und pestet.

Und sie rufen nach dem Schlagbaum, macht die Grenze dicht!
Eine Mauer ist ihr Tagtraum – ja, die denken schlicht.
Sie haben's warm und trocken, und die Grenze woll'n sie schließen.
Doch wer Grenzen schließen will, der muss auch schießen.

Refrain
Ich zeig ein freundliches Gesicht (Bang Bang Bang),
Horst Seehofer will's dunkel, aber ich mach wieder Licht,
ein freundliches Gesicht (Bang Bang Bang),
das habt ihr nicht erwartet, ja das bin wirklich ich.

Ein freundliches Gesicht (Bang Bang Bang),
doch keine Reaktion, euer Lachen kommt vom Band,
ein freundliches Gesicht (Bang Bang Bang),
und wenn euch das nicht passt, dann ist das nicht mein Land.

Los geht das Gezeter: »Du Sau! Du Volksverräter!«
Die eifrigsten Gestalten zimmern mir 'nen Galgen.
»Schlampe«, »Hure«, »Nutte« – der Verdacht, den man da hegt:
Besorgte Bürger werd'n von Prostituierten überdurchschnittlich erregt.

Erst pöbeln sie, dann prügeln sie, setzen Häuser in Brand.
Und anschließend machen sie sich Sorgen um das Abend-
    land.
Sind so kleine Geister und schwingen so große Worte,
sächsische Kleinstadtbürgermeister, in etwa so 'ne Sorte.

Ich hatte nie Visionen, das hat niemandem gepasst,
Opportunismus war das nicht – Pragmatismus nach Maß!
Egal, was ich gemacht hab, man nannt' mich farblos und
    blass,
jetzt bin ich bunt wie nie, und auch daran hat keiner Spaß.

Refrain
Ich zeig ein freundliches Gesicht (Bang Bang Bang),
Horst Seehofer will's dunkel, aber ich mach wieder Licht,
ein freundliches Gesicht (Bang Bang Bang),
das habt ihr nicht erwartet, ja das bin wirklich ich.

Ein freundliches Gesicht (Bang Bang Bang),
doch keine Reaktion, euer Lachen kommt vom Band,
ein freundliches Gesicht (Bang Bang Bang),
und wenn euch das nicht passt, dann ist das nicht mein
    Land.

»Deutschland! Deutschland!«, ruft in Ungarn ein Flüchtlingschor,
und ich sag, wir schaffen das.
»Deutschland! Deutschland!«, das kommt dem Nazi seltsam vor,
und ich sag, wir schaffen das.
Und wenn er es begreift, dann platzt ihm doch die Rübe,
und ich sag, wir schaffen das.
Ja, Flüchtlinge oder Nazis, wer mag Deutschland denn nun lieber?
Hallo Bürger, rafft ihr das?

Refrain
Ich zeig ein freundliches Gesicht (Bang Bang Bang),
Horst Seehofer will's dunkel, aber ich mach wieder Licht,
ein freundliches Gesicht (Bang Bang Bang),
das habt ihr nicht erwartet, ja das bin wirklich ich.

Ein freundliches Gesicht (Bang Bang Bang),
doch keine Reaktion, euer Lachen kommt vom Band,
ein freundliches Gesicht (Bang Bang Bang),
und wenn euch das nicht passt, dann ist das nicht mein Land.

Ein freundliches Gesicht (Bang Bang Bang),
wie lang, ich weiß es nicht (Bang Bang Bang),
ein freundliches Gesicht (Bang Bang Bang),
doch irgendwann ist Schicht (Bang Bang Bang).

Jamal
Manfred Maurenbrecher, 2015

Mit dem alten U-Bahn-Zug unter dem Alex durch,
Security siebt den Passantenschwarm,
dann aus dem Tunnel raus, zu Fuß zum Mauerpark,
ein Leuchtfeuer, ein kurzer Schock, falscher Alarm.
So gehen sie feiern, nachher tanzen, so wie letztes Jahr,
sie wissen ja, dass meistens nichts passiert.
Jamal sagt: Eine Weile kommt man klar mit dem Entsetzen,
so lange, bis es hier wie in Damaskus wird.

Jamal erreichte Berlin vor knapp zwei Jahren,
fünf Wochen her, da wurde er fürs Studium registriert,
jobbt längst als Fremdenführer, kann längst schwarz Taxi
    fahren,
nur dass das Amt ihn weiterhin im Flüchtlingsstatus führt.
Kam mit den Letzten rein, die meisten Grenzen dicht jetzt,

Asyl wird Christen vorbehalten seit Paris,
man spricht da nicht viel von, dies grelle weiße Licht
über dem Mauerpark macht eine Bürgerwehr, die gut
   bewaffnet ist.

Kreuz und quer wie Straßen gehen die Fronten,
der Krieg ist asynchron, man weiß nicht viel.
Füllt Eingeweihten Datenbank und Konten,
doch für die meisten ist er wie ein schlimmes Spiel.

Sie rahmen sich beim Laufen wie Soldaten,
die sieben Freunde, die sich lang vertraun,
mal ist der Deutsche vorn, mal der Syrer, mal der Ami,
sind alle gut darin, sich für die Schranken umzubaun.
Es ist so lächerlich und bitter nötig,
alleine geht man nicht, ein letztes Mal
lief Jamals Schwester über eine völlig freie Kreuzung
eines Nachts, ein Jeep startete los, Verkehrsunfall.

Kreuz und quer wie Straßen gehen die Fronten,
der Krieg ist asynchron, er kommt vom Rand,
Politiker, die glauben, sie entscheiden noch – die Altbekannten,
und die Putschisten aus dem Wartestand.

In der alten Straßenbahn zurück zum Alex,
besoffener Freischärler grölt, wird abgebremst mit Charme,
dann in den Tunnel rein, ein schönes Schweigen,
Leuchtfeuer, ein kurzer Schock, falscher Alarm.
So war'n sie feiern, so wie letztes Jahr,
sehr viel ist ihnen bisher wirklich nicht passiert.
Jamal sagt: Man kommt klar mit dem Entsetzen, lange Zeit,
man spürt es nicht, wann's wie Damaskus wird.

Angela Merkel und Donald Trump

Christoph Jungmann / Hannes Heesch, 2016

(Donald Trump gerät bei seinem Antrittsbesuch in Deutschland und bei seiner ersten persönlichen Begegnung mit Angela Merkel ausgerechnet in die Jahresrückblickshow auf die kleine Bühne des Mehringhoftheaters, und lässt sich gleich breitbeinig auf Merkels Moderationssessel nieder. Merkel greift sich den Klavierhocker und nimmt neben ihm Platz.)

TRUMP   Fantastic! Wonderful, to be here in your show!

MERKEL   What a surprise! Mister Trump!

TRUMP   Yes, tremendous, to be here in this lovely small theatre in Berlin-Heidelbörg! Unbelievable!

MERKEL   Mister Trump, it's Kreuzberg hier! Kreuzberg!

TRUMP   Okay! Okay! Your English is very funny! But I speak German.

MERKEL   Aaah, ja, gut!

TRUMP   Ick spreche Deutsch perfect. Ick habe deutsche Sprache immer gut gemacht. Ick habe gelernt bei meine Großmutter aus der Pfalz. Aaaaaaand ick schaue German tv, Derrick, i love Derrick! Horst Tappert. He is a tough guy! Great guy! Is he in the show tonight?

MERKEL   Nein, Horst Tappert ist bereits verstorben, der ist ...

TRUMP   Okay! Ick möchte etwas and'res wissen. Frau Mörkel, Deutschland, Germany is so klein, so putzig. No, no!! Versteh' mir nicht falsch! Ick liebe Deutschland! I love Germany! Ick möchte kennenlernen die schönen deutschen Städte! Ick mache tomorrow einen kleinen Ausflug.

MERKEL   Aaaah!

TRUMP   Ick werde gehen nach Hämbörg aaand Bremen aa-and Danzig, Stettin aaand maybe Breslau. Aber ick kann das nicht machen mit dem Flugzeug, das ist alles viel zu nah, ick werde fahren mit der S-Bahn. Is that Tarifgebiet A-B?

MERKEL   Nein, eh, ganz so klein ist Deutschland auch nicht ... Und übrigens, Danzig und Breslau ...

TRUMP   I think, Mrs. Mörkel ..., you have to make Germany great again!

MERKEL   Oach, na jaaaa ...! Nein ... also ...

TRUMP   Ick kann dir da unterstützen.

MERKEL   Wir sind ganz zufrieden, Herr ... eh Trump. Und die Oder-Neiße-Grenze haben wir anerkannt inzwischen.

TRUMP   Aber ick nicht! Ick habe nicht anerkannt Oder-Neiße-Grenze.

MERKEL   Ja, aber Amerika schon.

TRUMP   Germany war fruher viel mächtiger! Denk mal an der Mauer. A great, large wall! A strong border between East and West! Warum habt ihr das weggemacht?

MERKEL   Na ja, es hat uns nicht mehr so gefallen, würd ich sagen.

TRUMP   Unbelievable! Ihr hättet es gebrauchen können, für many, many other things. Ihr hättet es exportieren können, maybe nach Mexiko. Wer hat bezahlt for the Mauer?

MERKEL   Ja, die DDR, die GDR und eh …

TRUMP   GDR, Moment! Wo war communism and bolshevism? East or West?

MERKEL   In East.

TRUMP   So they paid for their own wall!? That's absolutely nonsense! Womit hat der Osten das bezahlt!?

MERKEL   Mit der Ostmark.

TRUMP   Ostmark? What's that?

MERKEL   Ostmark! Die gibt's nicht mehr, eh … Die war aus Aluminium, die Ostmark!

TRUMP   Aus Aluminium!? Like the chips in my casinos!? I understand! Let's make a fact-check!

MERKEL   A fact-check?

TRUMP   How long war der Mauer? More than 2000 American miles?

MERKEL   Nein, na ja, eh ...

TRUMP   Wie hoch war der Mauer!?

MERKEL   Ja, wie hoch!? Weiß ich auch nicht mehr!

TRUMP   Wieso, das musst du doch wissen! Du warst doch im Osten damals! Come on, remember, be yourself! Konzentriere dir! Wie hoch war der Mauer!?

MERKEL   Ja, weiß ich nicht ...!

TRUMP   Bist du als Kind mal raufgeklettert?

MERKEL   Nein! Da ist doch niemand hochgeklettert! Da waren Selbstschussanlagen und ein Todesstreifen!

TRUMP   Tremendous! Fantastic! Did you enjoy it?

MERKEL   Wie bitte!? Man hat das damals nicht enjoyed! Das war menschenverachtend.

TRUMP   Okay, okay, beruhige dir! The piano player in your show! Er heißt Maurenbrecker! Hat er kaputt gemacht der Mauer?

MERKEL   Nein, nein. Das ist nur ein Zufall. Der hat damit gar nichts zu tun!

TRUMP   Okay, okay! Not so important … I want to have ice cream!

MERKEL   Yes, but later. Hier im Mehringhoftheater gibt es kein Eis! Es gibt Kaffee oder Cola. Oder auch verschiedene Schokoriegel.

TRUMP   I want to have ice cream now! Strawberry! … And chocolate! Now! … And caramel! … And …

Mein Lichtenberger
Manfred Maurenbrecher, 2019

Angela Merkel moderiert unseren Jahresrückblick, und als Christoph Jungmann damit anfing, war die Politikerin noch fast unbekannt, und hätte damals jemand geweissagt, diese Parodie würde jetzt über zwanzig Jahre Bestand haben, wäre er oder sie als Fantast durchgegangen. Noch weniger hätte man geglaubt, dass auf der Strecke der Jahre die echte Kanzlerin immer mehr speziell Jungmann'sche Züge entwickeln würde, sobald sie bei uns auf der Bühne stand.

Auch als ich mir 2001 eine Bühnenfigur für den Rückblick zusammensetzte, dachte ich nicht im Traum an kommende Folgen oder Jahre. Ich hatte vor allem das dringende Bedürfnis, auf der Bühne den Satz loszuwerden: »Für mich soll der elfte September immer der Tag bleiben, an dem die CIA den gewählten Präsidenten Allende aus dem Amt gebombt hat, 1973 in Chile.«

Diesen Satz hatte ich im Herbst 2001 zweimal gehört und mochte ihn so pathetisch nicht wiederholen, sondern mir lieber jemanden ausdenken, bei dessen Rede das Publikum lacht und trotzdem den Sinn der Botschaft empfängt. Denn natürlich hatte uns alle der 11. September, »nine-eleven«, ins Trudeln gebracht. Es kam zu großen Betrachtungen über die Erste und Dritte Welt, weltweiten Terrorismus, seine Berechtigung und die Berechtigung der reichen Staaten, ihn abzuwehren, »unsere« Pflicht, dabei mitzutun – die Diskussionen fanden per Mail und mündlich statt, auch in unserer Gruppe, man kam eine Weile kaum mehr zur Ruhe.

An dem Tag selbst hatten mein elfjähriger Sohn und ich dieses Flugzeug, das da auf zwanzig Bildschirmen bei Saturn in Steglitz, wo wir shoppen waren, immer wieder und ohne Ton in ein New Yorker Hochhaus flog, lange für eine Spielfilmankündigung gehalten. Am Abend fuhr ich dann notdürftig informiert ins PDS-Haus gegenüber der Volksbühne für einen längst verabredeten Kurzauftritt. Ich nahm den Linienbus an dem bezaubernden Spätsommerabend und traf auf teils stoische, teils lauthals verstörte Mitfahrerinnen. Niemanden ließ das Geschehen kalt.

Ich erinnere mich an zwei sehr schöne, private Gespräche an jenem Abend – es schien, als wühlte die Katastrophe die Bereitschaft in uns auf, einander zuzuhören und uns ein wenig deckungsfreier zu machen als üblich. Ich erinnere mich auch an einen schwarzhäutigen Besucher mit Sektglas in der Hand, und ich meine von ihm jenen Witz mit dem neuartigen amerikanischen Victory-Zeichen, das einknickt, zum ersten Mal gehört und gesehen zu haben. Auf jeden Fall sagte ein alter Genosse dort ernst und traurig jenen eingangs zitierten Satz zu Chile, der CIA und Allende.

In Leipzig ein paar Wochen später wiederholte jemand den Satz laut und böse. Ich war in ein Veteranentreffen von SED-Altvorderen geraten, auf dem man sich lustvoll in all dem erging, was mittlerweile Verschwörungstheorie genannt wird – damals gab es die Worthülse noch nicht, die leider mehr dazu dient, etwas abzutun, als darüber nachzudenken, wogegen oder für was sich da denn angeblich wer verschwor.

»Ich bin kein Terrorist, obwohl selbst Militär«, rief einer in die Runde – ein Schrei nach Unlogik mehr als nach Liebe, und sein Wunsch, sich diesen rätselhaften Terroristen, die ja immerhin »den gemeinsamen Gegner« empfindlich getroffen hatten, irgendwie noch anzudienen als verrenteter Revolutionär, ergriff die Menge im Raum. Ich bekam Gänsehaut vor Unwohlsein.

Aber allmählich setzte sich so das Puzzle zusammen, aus dem die Bühnenfigur des »Lichtenbergers« geworden ist. Wieder ein paar Wochen später erzählte ein junger südeuropäischer Kandidat der PDS von Skurrilitäten, die er als Wahlkampfhelfer im Osten Berlins gerade erlebte. »Du glaubst nicht, was diese Altkader manchmal so fordern«, rief er lachend, »da gibt es in Lichtenberg neuerdings eine Blindenampel, Rüdiger-/ Ecke Siegfriedstraße, die klappert halt, wenn man sie drückt, und weil sie früher nicht da war, ist sie für die Anwohner natürlich eine Zutat aus dem Westen und böse: Da packt mich dieser alte Zausel am Arm, als ich da meine Wahlzeitung verteile, und schreit: ›Junger Mann, da muss der Genosse Gysi jetzt aber endlich mal selber ran, das müssen'se dem mal verklickern – die Blindenampel muss weg!‹ Nicht zu fassen ...«

Als wir uns im November des Jahres 2001 im Jahresrückblicksteam auf ein paar Eckpunkte festlegten, wie wir uns dem schweren Thema ›elfter Neunter‹ nähern würden, war auch die Idee eines moderierten Minitheaterstücks dabei mit Mehrgenerationen-Personal aus den unterschiedlichen Ecken und Klassen Berlins, entsetzte Ku'damm-Damen, ein clownesker Hysteriker, geschäftstüchtige Mitte-Vermarkter, ein grollender Ostrentner, eine artifizielle Menschenrechtlerin, ein Mädel mit Palästinensertuch um.

»Ich übernehm den Rentner«, sagte ich in die nachdenkliche Stille, »und seine Enkelin gleich mit.«

»Und wo wohnen die?«

»Lichtenberg.«

Ich sah in dem Moment eine männliche Gestalt vor mir, etwa zwölf Jahre älter als ich selbst, Anfang sechzig, hoch aufgeschossen, schalkig, und hörte den Mann auch schon reden, einen dialektisch trainierten Kauz alter Schule. Ein bisschen wie die Kaderleiter bei meinen SEW-Stippvisiten in den 70ern, ein bisschen auch – aber eben berlinisch, nicht sächselnd – wie die Nachbarn unserer Leipziger Freunde. Verhockt und hellwach in eins.

Jemand, der die Welt nicht versteht und deshalb eigentlich umso besser.

So erklärt sich vielleicht auch, dass mir als eingefleischtem Westberliner der Lichtenberger DDRler über die Jahre zumindest so gelungen ist, dass einige in unserem Publikum immer noch überzeugt sind, der Maurenbrecher müsse ein Ostler sein. Dialektik rules, »da kann man gar nichts machen«.

Ich konnte als Autor und oft ratloser Zeitgenosse aber auch nichts dagegen tun, dass über die Zeit der achtzehn Jahre, die der Genosse Paul kommentiert und mit seinen Abenteuern verziert hat, eine Annäherung stattfand. Gegen die Globalisierung der Wirtschaft samt Abbau einheimischer Sozialsysteme, vernebelt mit einer Menschenrechts-Ideologie, die sich immer wegduckt, sobald Profit- und Militäransprüche gefährdet werden könnten, gegen diese pseudomoderne ›Weltoffenheit‹ konnte der Altkader noch genussvoll polemisieren und die neue mit der angeblich so viel schrecklicheren Unterdrückung »jenseits von Mauer und Stacheldraht« vergleichen. Aber spätestens seit 2015 ist es mir nicht mehr gelungen, meinen Lichtenberger zum Verspotter der Flüchtlingsströme, zum Nachbeter von Umvolkungs-Theorien und von Verdächten gegen (zufällig meist jüdische) Milliardäre zu machen, die angeblich das ›westliche Kulturmodell‹ aushebeln wollen. Diese Töne musste ich gewissen sächsischen Kabarettist/innen überlassen und Politiker/innen auf der Linken, die im Ringelreihen mit der rechten Hand nach etwas haschen und in den Kreis mit einbeziehen wollen, das eigentlich einmal auf der anderen Seite der Barrikade und ganz weit weg von ihnen gestanden hat.

So wurde »mein« Lichtenberger ein aufgeklärter, nur noch von wenigen Vorurteilen besessener Bürger – zu einer Zeit, wo die Politik sich Mühe gibt, das Bürgertum, den Mittelstand ganz abzuschaffen. Ich gebe zu, dass ich manchmal die Gefahr der Verlangweilung meiner Figur vor mir sah. Aber ich wollte keine komische Nummer aus ihr machen.

Lieber sollte sie sich in lässiger Würde verabschieden.

Was uns, irgendwann, schließlich allen bevorsteht.

6 Angies Dämmerung:

Vom Nicht-Regieren, Falsch-Regieren und von der »Mutter aller Probleme« (2017–2019)

Garderobengespräch 2017
Horst Evers, 2019

Im Januar zwischen den letzten beiden Vorstellungen im Mehringhoftheater: Christoph tippt am Laptop, Hannes hört Kassetten mit Lindner-Aufnahmen, Bov googelt am Smartphone über Trump, Horst hockt im Gang und verfolgt Sportnachrichten, Manfred sitzt auf einem Stuhl und liest lange Facebook-Posts.

CHRISTOPH   Wir müssen noch über die Umstellungen für Ku'damm, Kiel und Hamburg reden.

HORST Ja, das betrifft doch einige Punkte.

MANFRED Ich glaube, das geht auch alles so. Ich ändere wahrscheinlich nichts.

BOV Ich auch nicht.

HORST Ja, stimmt. Eigentlich muss man nichts groß ändern.

HANNES Worüber wir auch dringend reden müssen, ist diese Buchanfrage.

CHRISTOPH Das würde in jedem Falle eine Menge Arbeit machen.

BOV Wer will denn so ein Buch lesen?

MANFRED Das würde sich leider auch ein bisschen mit meinem Lichtenberger-Buch überschneiden.

HORST Rein zeitlich, also terminlich, sehe ich bei mir eigentlich schwarz für so ein Buch.

HANNES Also kann man zusammenfassen: Eigentlich passt das nicht mit diesem Buch. Soll ich dann absagen?

ALLE *(durcheinanderredend)* Ja. Obwohl. Vielleicht sagen wir doch erst mal zu und gucken dann, wie sich das alles ergibt. Gut, so machen wir es.

MANFRED   War Andreas schon da?

BOV   Schon lange.

HORST   Glaube ich nicht. Sonst wäre ich ja schon auf Toilette gewesen.

CHRISTOPH   Du warst schon auf Toilette.

HORST   Da ist meine Blase aber anderer Meinung.

HANNES   Weiß zufällig noch jemand, welchen Teil meiner Requisiten ich heute suche? Ich bin mir nicht sicher, ob ich ihn schon gefunden habe.

BOV   Was haben wir jetzt eigentlich wegen des Buchs beschlossen?

HORST   Ich glaube, alle waren dafür und wir wollen das unbedingt machen.

CHRISTOPH   Ich hab jetzt hier mal aufgelistet, was wir alles für Ku'damm, Kiel und Hamburg ändern müssen. Ist doch einiges.

ALLE   Ja, aber das war ja klar.

Angela Merkel und Christian Lindner
Christoph Jungmann / Hannes Heesch, 2017

MERKEL   Jamaika ist ja nun gescheitert. Aber wir stehen in Nachverhandlungen. Und jetzt gibt es eine neue Idee: eine Koa-Koa, eine Koalitions-Koalition. Das ist eine ganz neue Idee, ich darf aber noch nicht sagen, was sich dahinter verbirgt. Ich darf auch nicht sagen, wer da im Einzelnen beteiligt ist und von wem die Idee stammt. Es ist … es ist … es ist, es geht voran. Und wir alle wissen ja nun, an wem Jamaika gescheitert ist. Nicht wahr, Herr Lindner?

LINDNER   Liebe Frau Bundeskanzlerin, es ist besser, nicht zu regieren, als falsch zu regieren. Lassen Sie mich Ihnen passend zu diesem Motto diese Lilie überreichen. Nicht in Gelb, auch nicht in Magenta, sondern in Weiß. Weiße Lilien stehen ja für die Verehrung, in diesem Fall für die Verehrung Ihrer Person, aber auch für Ihre Vergänglichkeit und Endlichkeit.

Mit Nazis reden
Bov Bjerg, 2017

Jetzt sitze ich hier oben in der Kuppel vom Reichstag, unten stehen die Touristen mit ihren Ferngläsern, draußen direkt vor der Glaskuppel schwebt ein kleiner Fesselballon, im Korb darunter ein Dutzend Japaner, die mich fotografieren wie blöd. Ich bin zur Touristenattraktion geworden, neuerdings steh ich sogar im *Lonely Planet*, und manchmal frag ich mich, wie es so weit kommen konnte.

Eigentlich fängt es an an dem Tag, an dem meine Freundin zu mir sagt: »Wollen wir heute zu IKEA gehen?«

Und ich sage: »Zu IKEA? Am Samstag? Können wir uns nicht einfach zu Hause streiten?«

Aber ihre Mutter aus Mecklenburg ist zu Besuch, und das wär die Gelegenheit, mal ohne die Kinder was zu erledigen.

Meine Freundin ist eigentlich meine Frau, aber FRAU hab ich sie nur genannt, solange wir noch nicht verheiratet waren. Ich weiß nicht mehr genau, warum. Wahrscheinlich wollte ich damit ausdrücken, dass ich die Ehe für überflüssig halte und dass ein Trauschein uns auch nicht enger aneinander binden kann oder so. Seit wir verheiratet sind, nenne ich meine Frau meine FREUNDIN. Ich weiß nicht genau, warum. Wahrscheinlich will ich damit ausdrücken, dass ich die Ehe für überflüssig, ach, egal.

Manchmal komme ich selbst durcheinander und sag mal

FRAU, mal FREUNDIN, und dann denken alle: Wahnsinn, wie offen der darüber redet! Und sooo toll, dass die beiden voneinander wissen!

Das ist ja das Schöne am Nonkonformismus, dass er einen die ganze Zeit auf Trab hält.

Jedenfalls schlage ich meiner Freundin vor, einer von uns könnte ihrer Mutter endlich mal den Reichstag zeigen, Regierungsviertel und so. Also, husch, husch, Beeilung, schnell, schnell.

Eine Stunde später steh ich am Reichstag in der Schlange, und als ich neben mich schaue, steht da meine Freundin statt ihrer Mutter.

So ein Mist, uns interessiert doch der Reichstag gar nicht. Ja, so ist das, wenn ein Paar so perfekt organisiert ist, dass es sich gar nicht mehr absprechen muss, weil die Verständigung ja auch blind klappt. Plötzlich steht man nebeneinander in der Schlange vorm Reichstag.

Und zu Hause hockt die Schwiegermutter und träumt von Berliner Sehenswürdigkeiten. Dostoprimetschatelnosti.

Reichstag, was für ein Blödsinn. Wir gehen durch die Sicherheitskontrolle, da springt mich von der Seite so ein Typ an und hält mir ein Messer an den Hals.

Meine Freundin flüstert, »Der ist von der AfD!«, und ich frag mich, woher sie das nun schon wieder weiß.

Er raunt mir ins Ohr: »Lassen Sie uns miteinander reden!«

»Sie wollen mit mir reden?«

»Nein, SIE wollen MIT MIR reden! SIE wollen den DEMOKRATISCHEN DISKURS führen!«

»Ja? Okay ... Sie sind also ein ... Ich muss zugeben, ich weiß jetzt gar nicht, wie ich Sie ansprechen soll. Da gibt's ja eine Menge Fettnäpfchen heutzutage. Ist Nazi überhaupt okay?«

»Na ja«, sagt er, »Nazi ist ein Begriff, der ja schon ziemlich abwertend gemeint ist, oder? Da schwingt ja immer mit, dass es nicht okay sein könnte, Nazi zu sein.«

»Problematisch?«

»Total.«

»Also lieber ...«

»Rechter. Ich bin ein Rechter. So nennen wir uns selber. Die Eskimos nennen sich Inuit, und wir ... ähm ... wir ... Rechten nennen uns Rechte.«

Ich seh rüber zu meiner Freundin, sie hat auch einen Nazi am Hals. Ich glaube, es ist der Typ mit der Hundekrawatte.

Die Nazis führen uns in den Heizungskeller.

Im Heizungskeller ist ein Stuhlkreis aufgebaut, da sitzt schon Alice Weidel und guckt streng. Weidel und die anderen AfDler reden mit Reichstagsbesuchern. Messer in allen Größen und ein paar Krawattennadeln unterstützen ihre Argumente.

An der Kellerwand sind Buchstaben ins alte Mauerwerk gekratzt. Kyrillisch. Meine Freundin ist in der DDR zur Schule gegangen. Ich frage sie, was da steht.

Sie sagt: »Iwan war hier.«

Ich denke, von mir aus könnte er noch mal vorbeischauen.

Die Gespräche bei den andern sind schon in vollem Gang.

»Diese Moslems, das sind alles Terroristen«, sagt ein Nazi und drückt einer Frau das Messer gegen die Kehle.

Die Frau sagt: »Na ja, das kann man so pauschal doch nicht sagen.«

»Sehen Sie! Das darf man nicht sagen! Wenn ich das sage, verbieten SIE mir den Mund!«

Und er drückt die Klinge noch ein bisschen fester gegen ihren Hals.

Jetzt pikst mich mein Nazi:

»Sie müssen anfangen!«

»Was soll ich denn sagen?«

»Sie könnten mich nach meiner Meinung zu Moslems fragen.«

»Ähm, ja, okay. Wie denken Sie über Moslems?«

»Terroristen. Mörder und Ziegenficker.«

»Na ja, das kann man so pauschal doch nicht sagen.«

»Sehen Sie! Das darf man nicht sagen! Wenn ich das sage, verbieten SIE mir den Mund!«

»Ich hab doch nur ...«

»Zensur!«

Das haben die anderen gehört, und jetzt geht's los: Dass wir alle zum Islam konvertieren müssen, und das Regietheater ist ein Verbrechen am deutschen Volk, *und die Klimalüge,* ruft einer dazwischen,

aber dass man ja nichts sagen darf,

dass auf Einladung von Merkel halb Afrika ins Abendland kommt, und manche Afrikaner tarnen sich sogar als Christen,

und die Klimalüge, ruft einer dazwischen,

aber dass man ja nichts sagen darf,

dass Deutschland bald muslimisch ist, und dann werden sich die Genderwahnsinnigen noch wundern,

und die Klimalüge, ruft einer dazwischen,

aber dass man ja nichts sagen darf,

dass die BRD eine GmbH ist, also mit beschränkter Haftung, und weil die Haftung beschränkt ist, sind die Deutschen auch nicht schuld am Holocaust ... ich verlier kurz den Faden ... sondern der Islam ... ah, da ist der Faden wieder,

und die Klimalüge,

aber dass man ja ...

dass das Allerschlimmste die Fahrradfahrer seien,

Klimalüge

nichts sagen darf,

und dass der 11. September ganz anders abgelaufen ist,

Klimalüge

nichts sagen darf,

und dass bei uns jetzt schon die Moslems Fahrradfahren lernen,

Klimalüge
aber dass man ja nichts sagen darf –

»Himmelherrgott«, schrei ich, »seid ihr Opfer oder seid ihr Nazis?!«

»Nazis!«, schallt es zurück.

Na also. Geht doch.

Ich sage: »Der 11. September? Das waren keine islamistischen Terroristen?«

»Insider. CIA. Mossad.«

»Moment. Sie halten den Islam für die größte Gefahr überhaupt, aber am allergrößten Terroranschlag ist er gar nicht schuld?«

Er schweigt. Und schaut mich konzentriert an. Seine Ohren werden rot, dann beginnen sie zu blinken, abwechselnd.

Ich denke: Jetzt hab ich ihn im Sack.

»Der Mossad und der CIA ... das ist doch der Islam!«

»Der Mossad? Israel?«

»Deshalb sind doch die Juden so gefährlich!«

»Und die Katholiken!«, ruft einer dazwischen.

»Luther war auch katholisch!«

»Wie Jesus?«

»Jesus war Jude!«

»Jesus war kein Moslem! Wie können Sie das behaupten!«

Nazis und Religion. Es bleibt kompliziert.

Eines Morgens liegt ein türkischer Mann auf dem Boden, in seinem Hals steckt ein Messer.

Am Abend kommt ein Polizist und nimmt den Fall auf. Schwierig, sagt er. So was sei jetzt schon öfter passiert. Wahrscheinlich hatte der Mann was mit Schutzgelderpressung zu tun oder mit Drogen.

Er wirft einen Blick in die Runde. Ein großer Stuhlkreis und lauter Leute, denen Messer an den Hals gehalten werden.

»Was ist denn hier los?«, fragt der Beamte.

»Demokratie-Workshop«, sagt ein Nazi.

Der Beamte sagt: »Das ist ja schön«, und steigt wieder nach oben.

Nach ein paar Monaten gefallen mir die Gespräche. Ich habe gelernt, sie als intellektuelle Herausforderung zu begreifen, und wenn mein Nazi hoch muss in den Plenarsaal zur Abstimmung, dann halte ich mir selbst das Messer an den Hals.

Wir reden immer noch sehr intensiv miteinander. Das ist ja alles ganz logisch.

Die D-Mark muss wiederkommen, *weil*, dann haben wir alle doppelt so viel Geld. Ausländer soll man nicht so viele reinlassen, *weil*, wenn sie dann da sind, sind sie irgendwann Inländer, und dann reicht es nicht mehr, die Ausländer rauszuschmeißen. Außerdem sind wir ja alle DEUTSCHE, weil, wir sind ja alle DEUTSCHE. Also alle bis auf die, die halt keine Deutschen sind.

Nach ein paar Monaten schlage ich vor, doch mal hochzugehen in die Kuppel. Wir brauchen uns doch nicht zu verstecken!

Wir sitzen jetzt also oben in der Kuppel, jeder mit 'nem Messer am Hals. Mal halten die Nazis das Messer, mal halten wir es selber.

Die Touristen finden's geil.

Ich weiß nicht, wie lange wir hier noch bleiben. Meine Freundin hat auch viel gelernt hier. Wenn wir wieder zu Hause sind, will sie sieben Kinder und sich ganz auf die Erziehung konzentrieren. Ich soll Geld ranschaffen und meine Männlichkeit wiederentdecken.

»Hm. Soll ich dich Weib nennen?«

»Das wär ein guter Anfang.«

»Sieben Kinder? Aber wenn wir den Krieg verlieren, musst du die alle vergiften, das ist dir schon klar?«

»Ich weiß, du Dummerchen. Wir müssen alle Opfer bringen.«

Ich frag meinen Nazi, wo man denn seine Männlichkeit wiederentdecken kann in Berlin.

Er sagt: »Ist überall schlecht. Am besten noch bei IKEA. Zentnerweise Zeug schleppen, hin- und hertüfteln, dauernd was rumschrauben. Männlicher kriegt man's in Berlin kaum. Das Geduze dort muss man eben wegstecken. Wenn man es nicht als Weichei-Du nimmt, sondern als ein ehrliches Kameraden-Du, dann geht das.«

Und dann sagt er einen Satz, der mich sehr stolz macht: »DU schaffst das schon!«

Die UNESCO hat »mit Nazis reden« als deutschen Beitrag zum immateriellen Weltkulturerbe anerkannt.

Im *Lonely Planet* steht: »In der berühmten Kuppel des deutschen Parlaments können Sie eine der faszinierendsten Berliner Sehenswürdigkeiten besichtigen: ›Germans talking to real Nazis all day long.‹ Ein echtes must see! Next stop: Holocaust-Mahnmal, just a few meters entfernt.«

Reine Polemik. Aber was soll man von den Ausländern anderes erwarten. Die bringen einen immer noch dauernd in Verbindung mit diesem Holocaust, bloß weil man ein … Rechter ist.

Der Videobeweis
Horst Evers, 2017

20.30 Uhr im Supermarkt. Hinten bei den Tiefkühlregalen gibt es offensichtlich Streit. Gehe hin und sehe, dass zwei Männer gleichzeitig ihre Hand an der letzten Packung frischem Lachs haben. Sie zerren hin und her. Diskutieren aufgeregt:

»Ich hatte den zuerst gesehen.«
»Ich zuerst zugegriffen.«
»Stimmt nicht.«

»Doch. Nehm'se gefälligst Ihre Fischgriffel vom Lachs.«
»Nu, werden Se mal nicht unverschämt, Sie Wurst!«
»Selber, Sie Klops.«

Tumult entsteht. Rudelbildung. Anfeuerungsrufe. »Zeig's der Wurst!« »Hau dem Klops den Lachs weg!« Der Filialleiter muss kommen. Er soll entscheiden, wer zuerst am Lachs war. Aber wie soll er das machen? Er verschafft sich kurz einen Überblick. Dann kommt er zu dem Schluss, dass er keine andere Wahl hat. Er fordert den Videobeweis an.

Was im Fußball begann, hat längst auch auf viele andere Bereiche des alltäglichen Lebens übergegriffen. Nicht alle sind davon begeistert. So gab beispielsweise einer der Streithälse später zu Protokoll: »Diesen Videobeweis braucht kein Mensch. Früher hat man ja in so einer Situation einfach mal die Packung ein bisschen aufgemacht und einmal über den Lachs drübergeleckt. Dann war der Drops sozusagen gelutscht. Ging auch. Klar kann man jetzt sagen, so richtig elegant war das vielleicht nicht. Aber es hatte doch eine persönliche Note. Da gab es noch Typen, Charaktere. Der Videobeweis macht doch alles irgendwie so steril.«

Doch auch in anderen Branchen wird diskutiert. Ein Vertreter des Hotel- und Gaststättenverbandes erklärt beispielsweise: »Insbesondere am Buffet hat sich die Einführung des Videobeweises sehr bewährt. Die, ich sag mal, *heißen Schlachten am kalten Buffet* sind seitdem sehr zurückgegangen. Das muss sich alles einpendeln. Völlige Gerechtigkeit gibt es nie. Man kann nicht alle Tricksereien unterbinden. Gerade, wenn es ums Essen geht. Denn wie sagt schon das alte Sprichwort der Metzgerinnung: Hätte Gott gewollt, dass man nur eins-A frisches Fleisch verwendet, hätte er nicht das Paniermehl erfunden.«

Der Sprecher des größten deutschen All-you-can-eat-Fanclubs jedoch hält dagegen: »Der Videobeweis zerstört den natürlichen Fluss und Ablauf des Buffets. Das ist es doch, was ein Buffet ausmacht. Die Leidenschaft, die Aggressivität, die Emotion, der Hunger ... Natürlich ist es ärgerlich, wenn der Idiot vor einem sich die ganze Schüssel Mixed Pickles auf den Teller schüttet. Aber erst dann entsteht doch die echte Dramatik. Die Dynamik, wenn dann andere versuchen, ihm wieder Gürkchen und Silberzwiebeln vom Teller zu stibitzen. Der ehrliche, leidenschaftliche Fight, mit offenem Visier und gezückter Gabel. Das sind doch die Szenen, die man sehen will. Weshalb Buffet ja der wahre Volkssport Nummer eins in Deutschland ist. Weit vor Fußball und Dampfplaudern.«

Wie dem auch sei: Hauptkritikpunkt beim Videobeweis bleibt wohl vor allem das ständige Zurücknehmen von bereits getroffenen Entscheidungen und die langwierigen Diskussionen hinterher. Das gilt auch und gerade beim Buffet. Verständlich, denn speziell bei bereits gegessenen Lebensmitteln ist das ja nicht immer unproblematisch und oft regelrecht unappetitlich, wenn ein bereits gegessenes Lebensmittel rückwirkend doch noch einem anderen zugesprochen wird und ihm das dann auf den Teller …, also ich sag mal: Der andere fühlt sich dann auch nicht immer wie ein Gewinner.

Doch machen wir uns nichts vor. Insgesamt war der Videobeweis längst überfällig. Und natürlich gibt es schon Ideen, ihn auch auf weitere Bereiche des alltäglichen Lebens auszudehnen. Bahnhöfe, Verkehrskreuzungen, öffentliche Parks. Aber auf Wunsch natürlich auch in Familien: beim Frühstück, Familienfesten, im Schlafzimmer … sprich überall, wo Klärungsbedarf ist. Die Möglichkeiten sind mannigfaltig.

Ein Problem sind sicher noch die erheblichen Kosten für die Installation der hierfür notwendigen Kameras und Mikrofone. Doch private Firmen wie Google, Facebook, Apple, Amazon oder O2 haben wohl schon vorsichtig ihre Bereitschaft signalisiert, hierbei eng und unbürokratisch mit anderen Geheimdiensten, wie auch dem deutschen BND zusammenzuarbeiten.

Es gibt sogar schon erste Werbevideos. In einem sieht man ein Paar beim Streit: schnell geschnittene Vorwürfe und Unterstellungen, Wut, Verzweiflung, dann Ratlosigkeit. Bis die Frau über ihren Sprachassistenten Alexa einen Anruf tätigt: »Ja, guten Tag, ist da das BND-Bürgertelefon? Wir bräuchten hier einmal einen Videobeweis für unser letztes Gespräch … Ja, wir haben das Schnupperabo, mit gratis Gesichtserkennung. Ach, das wissen Sie natürlich. Klar, wegen der Gesichtserkennung. Ja. Meine Ohrringe sind neu. Danke, ich finde sie auch schön. ... Ach, Sie haben den Streit schon verfolgt? Aaah, genau, wir kennen Sie nicht, aber Sie uns natürlich schon. Klar, das hat was Beruhigendes.« Am Ende sieht man bei harmonischer Musik ein glückliches Paar. Dazu der Slogan des BND-Bürgertelefons: »Wer schreibt, der bleibt. Wer speichert, bereichert (sich und andere). Gegen eine Kultur des Vergessens – Wir interessieren uns für Sie! Ihr BND!«

Ein klein wenig mehr Sicherheit in unruhigen Zeiten. Auch wenn es bereits Kunden gibt, die berichten, es sei doch auch sehr, sehr, sehr, sehr, sehr schwer, sein Abo beim BND dann wieder zu kündigen. Aber irgendwer meckert ja immer.

Angela Merkel und Klaus Wowereit: Wowi's wunderbare Welt

Christoph Jungmann / Hannes Heesch, 2018

(Die Kanzlerin sitzt im Sessel, liest aus dem Buch, Wowereit steht im Schatten der Kanzlerin hinter dem Sessel, von schräg unten angestrahlt.)

MERKEL

Der frühere Regierende Klaus Wowereit hat ein Buch geschrieben. *Sexy, aber nicht mehr so arm: Mein Berlin.* Im Vorwort heißt es, dass nicht er selbst in dem Buch die Hauptrolle spiele, sondern die Stadt Berlin. Na, also, das stimmt insofern, als dass er belegt, wie gut sich Berlin unter ihm entwickelt hat. Die Entwicklung sieht er ziemlich knorke, das dürfte Sie jetzt nicht überraschen. Natürlich besonders interessant, was er zum BER zu sagen hat, das wird uns hier auch beschäftigen, vorher vielleicht noch schnell ein paar andere Stellen. Beginnen wir mit der Kultur, Herr Wowereit war ja auch Kultursenator, interessant seine Definition von Kunst, S. 64:

>*»Kunst bringt uns zum Lachen und zum Weinen. Und sie bringt uns zum Nachdenken über die Welt und das Leben.«*

Gut formuliert, bravo. Gefällt mir. Sehr schön gesagt. Aber von der Kunst zum Ernst des Lebens, und Herr Wowereit hat seinen Beruf immer sehr ernst genommen, S. 66:

>*»Ich habe nie Politiker empfangen, ohne zu wissen, wo das Land liegt, in dem sie regieren.«*

Das ist wirklich eine exzellente Vorbereitung auf den Besuch von Staatsgästen, das könnte ich bei meiner Menge von Staatsgästen nie leisten. Dazu muss man allerdings auch in guter Verfassung sein, und das war der Regierende, denn S. 67:

>*Wenn der Wecker klingelt, bin ich sofort munter.«*

Und natürlich darf man den Kontakt zu den Balinerinnen und Balinern nicht verlieren, S. 17:

>*»Anders als die Kanzlerin oder einen Bundesminister konnte oder können Sie mich in Berlin durchaus auch auf der Straße anquatschen.«*

Na ja, also am Wochenende gehe ich auch schon mal alleine einkaufen. Aber bleiben wir bei der Sache. Für seinen Hang zum Kontakt mit den Bürgerinnen und Bürgern hat er eine einleuchtende Erklärung, S. 16:

>*»Würden wir Politiker den Menschen und ihren Alltagsproblemen am liebsten aus dem Weg gehen, dann wären wir Landschaftsmaler geworden.«*

Landschaftsmaler, könnt ich mir aber auch sehr gut vorstellen. Klaus Wowereit hat es sich selbst aber nie leicht gemacht und sich selbst unter Druck gesetzt, S. 66:

>*»Wenn ich etwas nicht weiß, dann muss ich mich halt schlaumachen. Kurz: Man kann nur Entscheidungen treffen, wenn man Ahnung von der Sache hat, sonst ist das willkürlich.«*

Da ist was dran. Es könnte keine bessere Überleitung geben, meine Damen und Herren, zum Flughafen Schönefeld.

>*»Das Thema ist natürlich hochkomplex.«*

Richtig, so hebt Klaus Wowereit es auf S. 210 gleich einleitend hervor, und widmet sich dem ganzen Komplex BER sogar in einem eigenen Kapitel von sage und schreibe

16 Seiten! Und er fragt sodann auch kritisch nach der eigenen Verantwortung und erörtert die Schuldfrage in fast schon philosophischem Sinne, so auf S. 211:

>*Dass Schönefeld in Brandenburg liegt, scheint kollektiv verdrängt zu werden.«*

Kollektive Verdrängung, das hört sich nach Karl Jaspers oder den Mitscherlichs an. Aber das ist ja eher die moralische Komponente, wie sieht es denn nun mit der konkret politischen Verantwortung aus? Er analysiert auf S. 214:

>*»Juristisch ist das alles furchtbar kompliziert.«*

Und es ist dem ehemaligen Aufsichtsratsvorsitzenden wichtig festzuhalten, S. 217:

>*»Trotzdem ist ja längst nicht alles schiefgegangen bei dem Projekt, im Gegenteil. Die Start- und Landebahn wurde gebaut. Ebenso der Bahnhof. Das alles lief nach Plan.«*

Na bitte! Aber wer trägt denn nun ansonsten die Schuld? S. 221:

>*»Firmen, die in betrügerischer Absicht gepfuscht haben – in so einer Lage werden selbst grundsolide Handwerker zu Kindern, die Mama verheimlichen, dass sie ihre Lieblingsvase zerbrochen haben.«*

Und wer noch? S. 221:

>*»Das Management des* BER *gab den gutmütigen Papa, der verspricht, Mama die Sache demnächst ganz schonend beizubringen. Andernfalls müsste man un-*

terstellen, dass das Management den Aufsichtsrat mit voller Absicht hintergangen hat.«

Und wer noch? S. 214:

»Ich persönlich war immer für Sperenberg.«

Ah so, na, ich ja eigentlich auch, wer war das heute nicht, aber wer ist denn nun noch schuld? S. 223:

»Man kann an dieser Stelle die Frage stellen, ob nicht auch das Bauordnungsamt in Brandenburg versagt hat, das ja vorher nie ein Großprojekt von diesem Ausmaß auf dem Tisch hatte.«

Und wer noch? S. 223:

»Die Flughafengesellschaft, die damals nicht in der Lage war, entscheidende Unterlagen rechtzeitig einzureichen. So einfach ist das.«

Und wer noch? S. 226:

»Baufirmen, die es nicht hinbekommen haben, ihre Jobs ordnungsgemäß und fristgerecht zu erledigen.«

Und wer noch? S. 209:

»Der Hang unserer Mediengesellschaft zur Personalisierung politischer Themen.«

Nanu! Das ist ja beinah schon O-Ton Trump! Auch was er uns hier auf S. 219 als Argument anbietet, auch wenn er es selbst nicht gutheißt, warum führt er es hier überhaupt an?

»Ob Istanbul, Hongkong oder Dubai: Mit einem in Anführungszeichen Vorteil kann Berlin zum Glück nicht dienen: Dass dort niemand die Bevölkerung

> *fragen, lange Rechtswege beachten und sich im Fall der Fälle strenge Verhöre von Untersuchungsausschüssen gefallen lassen muss.«*

Ja und der damalige Regierende Bürgermeister und Aufsichtsratsvorsitzende, ganz am Ende des Kapitels auf S. 226 kommt er doch noch auf seine ganz persönliche politische Verantwortung zu sprechen:

> *»Dass am Ende alles auf den Aufsichtsrat geschoben wurde, speziell auf seinen Vorsitzenden K. W., empfand ich selbstverständlich als ungerecht und nicht zutreffend.«*

Angela Merkel: Komm in die Politik

Musik: Andreas Albrecht,
Text und Gesang: Christoph Jungmann, 2018

(Merkel kommt in Gangsta-Rap-Outfit auf die Bühne. Anlass ist der Skandal um den Echo, der nach Verleihung an Farid Bang und Kollegah trotz antisemitischer Passagen abgeschafft wurde.)

Dies ist ein Lied für alle mit den fetten Posen,
Die mit den dicken Reifen und den Profilneurosen,
Die ganz gerne übertrieben lange pumpen gehen,
Mit dem krassen Ego vom Kopf bis zu den Zehen.

Die von der Bühne ziemlich krudes Zeug erzählen
und die community mit schlechten Reimen quälen.
Die übertreiben viel und ganz schön krasse Worte machen,
schauen finster drein, doch Digga, ich muss eher lachen.

Auch wenn an jedem Deiner Arme eine Rolex blinkt
und Dein Konto vor Geld auch nur so stinkt.
Meinst Du nicht, Du könntest Deine Kraft auch anders
    nutzen,
als immer alle außer Dir herunterputzen.
Ja denkst Du wirklich, Digga, das ist die wahre Macht?
Ich glaub, mein Freund, Du hast nicht richtig nachgedacht.
Den Traum muss ich Dir ganz konkret zerstören,
Es ist besser, MC Angela mal zuzuhören.

Nicht mehr lange hin und Angie ist nur noch am Chillen,
Nachwuchs auszuchecken gehört zu ihrem letzten Willen.
Glaub mir, dass ich dabei richtiglieg.
Es gibt nur eins für Dich: Komm in die Politik.

Denn ich sag Dir, willst Du an den wirklich großen Rädern
    drehen,
musst Du nun mal durch die Institutionen gehn.
Bist Du drin im Bundestag, geht's übertrieben ab,
da gibt es echte Nazis, und zwar nicht zu knapp.
Wie geil ist das denn, Digga, die vom Pult zu dissen,

ihre Gesichter, wenn sie nach dem beef mit Dir nicht weiterwissen.
Ich schwöre Dir, Du kannst die Puppen tanzen lassen,
hast außerdem noch krass viel Feinde, die Dich wirklich hassen.

Arbeitsgruppe, Ausschusssitzung und Plenardebatte,
das war und ist die coolste Zeit, die ich je hatte.
Zwei Klausurtagungen in einer Legislaturperiode,
Digga, ich schwöre Dir, das ist die neue Mode.
Wir arbeiten hart, doch auch so sieht das dann aus:
Wenn wir ins Feiern kommen, bebt das Paul-Löbe-Haus.
Du kannst Klöckner, Schwesig, Kipping bis in den Morgen twerken sehn,
coole bitches, Bro, die aufs Ganze gehn.

Und was ich hier sage, ist natürlich allgemeingültig,
meine Worte gelten auch für Dich und Dich und Dich,
für alle Homies, die das Feld nicht den Massen überlassen
wolln, die alles hassen, was nicht aussieht, wie ihre Rassentheoretiker das gerne hätten.
Ey Leute, kommt aus Euren Betten.
Habt Respekt, respect vor unseren Werten
Wenn das hier so weitergeht, fick'n uns die Verkehrten.

Nicht mehr lange hin und Angie ist nur noch am Chillen,
Nachwuchs auschecken gehört zu ihrem letzten Willen.
Glaub mir, dass ich dabei richtiglieg.
Es gibt nur eins für Dich: Komm in die Politik.

Das ist voll fett,
auch Du kannst fresh Karriere machen von A bis Z.
Und damit das auch übertrieben gut gelingt,
jede und jeder hier im Saal jetzt mit mir singt.
Du kannst mir glauben, dass ich dabei richtiglieg.
Es gibt nur eins für Dich: *(Mikro ins Publikum)* Komm in
   die Politik.

Digga, bin ich taub, oder was,
ich mach hier das doch nicht nur zum Spaß.
Wir müssen jetzt zusammenstehen,
ich will Eure Münder offen sehn.
Du kannst mir glauben, dass ich dabei richtiglieg.
Es gibt nur eins für Dich: *(Mikro ins Publikum)* Komm in
   die Politik.

Und ich dachte, ich könnte auf Euch schwören,
Leute, sie sollen uns auf der Straße noch hören.
Ob jung, ob alt, ob weiß, ob bunt,
ob mit oder ohne Migrationshintergrund.
Jetzt alle hier und wie aus einem Mund

Schreit Ihr Euch auf mein Zeichen jetzt die Kehle wund.
Du kannst mir glauben, dass ich dabei richtiglieg.
Es gibt nur eins für Dich: *(Mikro ins Publikum)* Komm in
  die Politik.

Und wenn Ihr in der Politik dann angekommen seid,
dann ist es gut, denn es ist höchste Zeit.
Mit nur einem hättet Ihr genug getan:
Verhindert einen Kanzler 2025 mit dem Namen Spahn.

Horst Seehofer: 69
Hannes Heesch, 2018

I bin am 4. Juli 69 geword'n. Seitdem hab i 69 Mass Bier g'trunken. I hab also mäßig getrunk'n, in Maßen. Ein umstrittener deutscher Beamter heißt Hans-Georg Maaßen. Der Minister des Auswärtigen Amtes heißt Heiko Maas. »Von der Maas bis an die Memel« wird heuer gerne von Teilen der AfD-Jugend gesungen. Joseph Müller, der Ochsen-Sepp, sang stets die Öchsner-Fassung der Bayern-Hymne. Benedikt XVI. bevorzugt hingegen die revidierte Lutz-Fassung. Rita Süssmuth konnte vom 16. bis zum 69. Lebensjahr den dreifachen Lutz springen. Ja, des passt scho. Des passt alles zusammen. Des gibt alles einen Sinn.

I bin seit 49,74 Jahren in der CSU. Kitzingen liegt exakt

auf dem Breitengrad 49,74. Am 1. August 2018 war i in Kitzingen. Da waren sage und schreibe 37,2 Grad. 37,2 Prozent hat die CSU bei der Bayerischen Landtagswahl geholt unter Herrn Markus Söder. Aber, do legst di nieda, denn mit 47,7 Prozent hat der Seehofer, Horst bei der Wahl 2013 triumphiert. Am Triumphbogen in München – dem sogenannten Siegestor – spaltet sich die Leopoldstraße in einen westlichen und in einen östlichen Verlauf im spitzen Winkl von 47,7 Grad. ... Des oberbayerische Reit im Winkl ist bloß 173 Kilometer entfernt von der Zugspitze, über deren Westgipfel die nur schwer passierbare Grenze zwischen Bayern und Österreich verläuft. Die Zugspitze ist mit 2962 Metern Höhe nur 47 Meter höher als das Durchschnittseinkommen einer bayerischen Erzieherin, aber um 13 366,88 Meter niedriger, als des monatliche Einkommen des Herrn M. Söder. Des passt alles zusammen! Des gibt alles einen Sinn!

I hab hier a Weißbier. Und i hab hier a Brez'n! Der Brexit is wie die Brez'n. Erst wird er hart, dann bröckelt er, und dann bricht er und dann fliegt des alles auseinander. Und dann schmeckt des a ned mehr. Da hast du keine Regulierungsmöglichkeit'n. Des is ned mal mehr Rieguläschion wisout Riepräsentäschion.

Die Migration ist die Mutter aller Probleme. Angela Merkel wird auch Mutti genannt. Mutti ist die Beste ... Des gibt einen Dirigenten, der heißt Muti. Und eine Geigerin, die heißt Mutter. Mein Vater war LKW-Fahrer bei einer

Ingolstädter Brauerei. Der fuhr einen Daimler 7,5-Tonner mit Anhänger. Meine Schwester is ned Anhänger der CSU. Aber CDU und CSU, des san Schwesterparteien mit vielen Anhängern. Des is irgendwie merkwürdig. I hab auch einen Bruder. Der heißt Dieter. Der war Sparkassendirektor in Ingolstadt. Und dieser Karrenbauer, na, der, der … der Vorstandsvorsitzende der Daimler AG, der heißt mit Vornamen a Dieter. Der tritt 2019 von seinem Amt zurück. Und des is interessant, denn der Bruder vom anderen Dieter, der tritt 2019 a zurück. Am 19.1.19 tritt der zurück. Eins, neun, eins, eins, neun. Und des is nun wirklich interessant, denn bei der Wahl der Frau Karrenbauer auf dem CDU-Parteitag in Hamburg nahmen von 1001 Delegierten 999 teil. Eins, null, null, eins, neun, neun, neun. Des passt alles zusammen! Des gibt alles einen Sinn!

Angela Merkel und Annegret Kramp-Karrenbauer
Christoph Jungmann / Hannes Heesch, 2019

MERKEL   Ach, sag mal, Annegret, als der Friedrich Merz bei dir im Büro war, kurz vor Weihnachten, habt ihr denn da über ein Ministeramt für ihn geredet?

AKK   Als der Friedrich bei mir im Büro war? Nein. Natürlich nicht. Nein.

MERKEL   Was habt ihr denn da geredet?

AKK   Nichts Besonderes.

Garderobengespräch 2039
Horst Evers, 2019

Ca. 30 Minuten vor der Premiere des Jahresrückblicks in der nach wie vor kleinen Garderobe des Mehringhoftheaters. Christoph sortiert virtuelle 3-D-Hologramm-Karteikarten, Hannes wuselt rum, Bov schläft auf dem Sofa, neben ihm sitzt ein Roboter, der genauso aussieht wie er, und sortiert seine Texte, Horst sitzt im Gang und kritzelt in seinen Blättern herum, Manfred ist nicht da.

BOVS ROBOTER   Ich glaube, dieses Jahr wird das Programm mal nicht so gut.

CHRISTOPH *(ruft in den Gang)*   Horst! Kannst du denn jetzt schon sagen, was ich vor deinen Texten moderationsmäßig sagen soll?

HORST Nicht wirklich. Es ist auch leider noch nicht ganz klar, ob ich den ersten Text in einem Stück machen kann oder ihn unterteilen muss.

HANNES Hat jemand meinen Jens-Spahn-Bart gesehen?

CHRISTOPH Ist der Text so lang geworden?

HORST Nein, aber ich musste den Schrifttyp so groß wählen, dass es einfach zu viele Blätter sind für einen Durchgang. Hat auch ein ziemliches Gewicht dadurch.

BOVS ROBOTER Ich weiß einfach nicht, was ich noch aus dem Text rausnehmen könnte, ohne dass man irgendwann gar nichts mehr versteht.

HANNES Der Text funktioniert doch so, wie er ist, sehr gut.

BOVS ROBOTER Ach.

CHRISTOPH *(in den Gang rufend)* Willst du nicht doch mal deine Augen scharf lasern lassen?

HORST Ach.

CHRISTOPH   Die Leute fragen mich ständig, was wir eigentlich mit dem Jahresrückblick machen, wenn Merkel irgendwann mal sterben sollte.

HORST   Die Leute sollten lieber fragen, was wir mit dem Jahresrückblick machen, wenn wir irgendwann mal sterben sollten.

HANNES   Christian und Andreas haben ohnehin schon gefragt, ob wir nicht ein paar Nachmittagsvorstellungen streichen wollen. Die sind etwas unglücklich, weil sie dann den Tagsüber-Betrieb als Museum immer schon um 13 Uhr beenden müssen. Und das bei dem Andrang derzeit …

CHRISTOPH   Wer hätte gedacht, dass sich das mal so rentieren würde, an diesem Theater über all die Jahre nie etwas zu verändern.

BOVS ROBOTER   Kürzlich war wohl ein Ehepaar von den Philippinen da. Die sind nur nach Europa gereist, also persönlich, körperlich gereist, um einmal einen Original-Kaffee aus dieser Kaffeemaschine trinken zu können.

HANNES   Sagt mal: Wie lange wollen wir das hier denn eigentlich noch machen?

CHRISTOPH *(zu Horst)* Hattest du nicht immer gesagt, du würdest sofort aufhören zu arbeiten, wenn du es dir finanziell leisten kannst?

HORST Ich habe aufgehört zu arbeiten, als ich es mir finanziell leisten konnte. Ich mache jetzt nur noch das, was mir Spaß macht.

CHRISTOPH Du machst doch noch genau das Gleiche wie vorher.

HORST Ja, das fand ich die erste Zeit, nachdem ich aufgehört hatte zu arbeiten, auch etwas seltsam.

BOVS ROBOTER Ich fand es schon sehr eigenartig, den Jahresrückblick im letzten Jahr ohne Manfred zu machen. *(kurze betretene Stille)*

HORST Also, ich bin ja immer noch ein bisschen überrascht, dass Manfred das Amt angenommen hat.

HANNES In der damaligen politischen Konstellation gab es für ihn doch eigentlich gar keine Alternative.

HORST Aber es kann doch niemand gezwungen werden, Bundespräsident zu werden.

BOVS ROBOTER   Gezwungen wirkt er ja nun auch nicht gerade. Ich fand, es hatte wirklich Stil, wie er seine Weihnachtsansprache hier live aus dem Mehringhoftheater gemacht hat. Am Klavier. In der Rolle des Lichtenbergers.

HORST   Ja, das stimmt. Dennoch ist es schade, dass ihm jetzt die Zeit für den Jahresrückblick fehlt.

CHRISTOPH *(bewusst das Thema wechselnd)*   Sollten wir nicht langsam mal Bov wecken?

BOV   Ich bin schon lange wach.

CHRISTOPH   Warum sagst du denn nichts?

BOV   Wieso sollte ich?

BOVS ROBOTER   Er hat ja mich.

CHRISTOPH   Findest du das nicht auch ein bisschen seltsam, mit dir und deinem Roboter?

BOV   I wo. Dieser Roboter ist das Beste, was mir jemals passiert ist. Alles, was mir Freude bereitet, mache ich selbst, und das, was ich schon immer irgendwie lästig oder nervig fand, lasse ich von meinem Roboter erledigen. Wie beispielsweise dieses ewige Durchgehen und verzweifelte Kürzen der Texte vor den Vorstellungen. Seitdem ist mein Leben großartig.

HANNES   Das kann doch nicht sein.

CHRISTOPH   Was denn?

HANNES   Stoibers Bayernfahnen-Anstecker, den ich seit beinah vier Jahrzehnten suche, hängt jetzt hier im Jens-Spahn-Bart. Und daneben Trumps US-Flaggenanstecker.

BOV   Die Welt ist klein. Und voller Wunder.

BOVS ROBOTER   Wer war jetzt noch mal gleich Trump?

HANNES *(nachdenklich)*   Ich glaube, dieses Jahr ist jetzt wirklich das letzte, wo man den Jens Spahn noch mal machen kann.

HORST   Ich fürchte, vor drei Jahren war schon das letzte Jahr, wo man Jens Spahn noch mal machen konnte. Eben da, als er angefangen hat, sich diesen Bart wachsen zu lassen, damit man ihn nicht mehr erkennt. *(Manfred kommt rein. Alle staunen.)*

MANFRED   So, da bin ich. Christian hat das Kontor schon zu. Sind alle da. Wir können früher anfangen. Es geht gleich los.

BOV   Solltest du nicht eigentlich im Bundespräsidialamt sein?

MANFRED   Schon. Aber nachdem du von deinem Roboter immer so schwärmst, habe ich mir jetzt auch einen besorgt.

BOVS ROBOTER   Aber gibt das denn keinen Ärger, wenn ein Roboter Bundespräsident ist?

MANFRED   Ach. Denen habe ich natürlich gesagt, ich wäre der Roboter und im Bundespräsidialamt säße der echte Manfred Maurenbrecher. Der ist mir so ähnlich, das merkt kein Mensch. Ich darf nur nicht selbst durcheinanderkommen. Oder mich verplappern. Aber das bin ich ja gewohnt.

CHRISTOPH   Stimmt. Darum ging es ja eigentlich die ganze Zeit. Wir konnten quasi immer machen, was wir wollten. Wir durften uns nur nicht verplappern.

Nachwort

Im Jahr 1997 war Angela Merkel Bundesumweltministerin. Damals sah sie noch aus wie eine schüchterne Gemeindesekretärin, aber das täuschte: Sie hatte Großes vor und castete sich zur Unterstützung eine Boyband – die Jahresrückblickstruppe. Beim Casting hat sie darauf geachtet, dass alle notwendigen Zutaten vorhanden waren – die Boys können singen und tanzen (eher unterhaltsam als, sagen wir mal, professionell, um das Wort »gut« zu umschiffen) und einer spielt ein Instrument. Zum Jahreswechsel 1997/1998 trat Merkel zum ersten Mal mit ihrer Boyband im Kreuzberger Mehringhoftheater auf und blickte auf das vergangene Jahr zurück.

Im Jahr 2000 CDU-Vorsitzende, 2005 dann Kanzlerin: Im echten Leben legte Angela Merkel ein ganz schönes Tempo vor. Verblüffend, dass sie es trotzdem zu jedem Jahreswechsel schafft, Abend für Abend im Mehringhof auf der Bühne zu stehen. Vermutlich ist es einfach ein guter Ausgleich – andere golfen zur Entspannung oder koksen für den Kick, Angela Merkel badet im Applaus. »Besser als beim Parteitag«, denkt sie in diesen Momenten regelmäßig, »viel besser!« Nein, man kann nicht verstehen, warum sie ihren Job im Regierungsviertel nicht sofort an den Nagel gehängt hat, schön blöd. Böse meinende Zungen behaupten übrigens, dass Angela Merkel beim Jahresrückblick gar keine

Frau ist, sondern ein Mann in Perücke und Frauenkleidern, aber das ist nur der Neid.

Stopp.

Das ehemalige *Mittwochsfazit*, Bov Bjerg, Horst Evers und Manfred Maurenbrecher, hat im Jahr 1997 gemeinsam mit den beiden Bühnenkünstlern Hannes Heesch und Christoph Jungmann ein Schattenkabinett gecastet: Angela Merkel und all die anderen.

Sie hatten Gründe dafür, warum sie ausgerechnet die promovierte Physikerin Merkel erfinden wollten, das ist so ein Künstlerding gewesen – die feinen Herren können ja nicht einfach etwas Naheliegendes erfinden, es muss unbedingt extravagant und lustig sein.

Inzwischen weiß niemand mehr, dass die Jahresrückblickscombo nicht nur zuerst da war, sondern sich noch dazu diese Bundeskanzlerin ganz allein zusammengebastelt und zum Jahreswechsel geschenkt hat. Den fünf Jungs ist im Laufe der Zeit das Lachen im Hals stecken geblieben, als ihr lustiger Vorschlag sich wenige Jahre später wie eine echte Politikerin richtig wählen ließ und richtig gewählt wurde. Und danach noch einmal. Und noch einmal. Und noch einmal.

///

In Berlin gibt es eine Gruppe aus fünf Männern, die nicht nur prima auf der Bühne stehen, sondern noch viel mehr und ganz unterschiedliche Sachen können: in Rollen schlüpfen, Musik machen und Geschichten schreiben.

Wenn man Glück hat, kann man alle fünf zusammen als Jahresrückblick um den Jahreswechsel herum im Mehringhoftheater sehen.

Danach kann man nur hoffen, dass man sich einen Teil des tollen Feuerwerks merken kann und sich später noch daran erinnert, was man interessant, lustig und schlau fand. Aber es ist immer zu viel, was man sich dann merken muss. Immer!

Nicht alle Menschen können zum Jahresrückblick ins Mehringhoftheater kommen. Es gibt nur begrenzt viele Plätze und die sind absurd früh ausverkauft. Und viele wohnen nicht in Berlin, für die ist es auch schwierig, den Jahresrückblick live zu sehen. Aus diesen und mehr Gründen gibt es dieses Buch. Im Grunde ist es also ein Buch für alle.

Ich selbst sah den Jahresrückblick mit Christoph Jungmann als Angela Merkel zum ersten Mal zum Jahreswechsel 2000/2001 auf der Bühne des Mehringhoftheaters. Die war zu dem Zeitpunkt CDU-Vorsitzende und weit entfernt davon, so unterhaltsam zu sein wie die Bühnenmerkel.

Ich erinnere mich, dass Christoph Jungmann sie damals

so charmant verkörperte, dass ich mir Sorgen gemacht habe: Würden die Zuschauerinnen und Zuschauer hier zu heimlichen CDU-Fans? Seit ich die Mehringhoftheatermerkel kannte, dachte ich selbst regelmäßig über die echte, dass sie im Grunde ja nett war, auch wenn sie es nicht so zeigen konnte. Oder dass sie im Grunde die richtigen Ansichten hatte, auch wenn sie im Alltag immer Nebelkerzen auf diese Tatsache schmiss. Dann musste ich mir immer sagen, dass es zwei verschiedene Personen waren: die echte, ziemlich merkwürdige und sozial linkische CDU-Vorsitzende und die heitere jungmann'sche Merkel.

Hilfreich war, dass Hannes Heesch mit seinen zahllosen SPD-Vorsitzenden, aber auch Merkels parteiinternen Widersachern, die er im Laufe der Jahre verkörperte, einen Gegenpol bildete. Und verblüffend, dass er sich an alle heranwagte und einen feuchten Kehricht darauf gab, dass er so gut wie keinem von ihnen ähnelte. Im Laufe der Jahre musste ich oft über die echten Politiker lachen, weil ich vergaß, dass sich ihre Marotten und Eitelkeiten eigentlich Hannes Heesch ausgedacht hatte.

Gesungen und getanzt haben im Laufe der Jahre alle fünf, doch den musikalischen Stempel drückte den Jahresrückblicken der Mann am Klavier auf: Manfred Maurenbrecher. Der Musiker mit Hut und extravaganter Weste hat in all den Jahren die Veranstaltungen sehr grundsätzlich unterschieden von anderen Jahresrückblicken, von anderen Kabarettgruppen, weil es ihm immer wieder neu erfrischend an Angepasstheit mangelt. Er spielt, was er für wichtig und gut hält – und das Publikum darf dabei sein. Oft habe ich nach einem solchen Abend gedacht, verrückt, es war nichts so, wie es ein gewöhnlicher Musiker für einen Jahresrückblick ausgewählt hätte, und es war dennoch perfekt. Oder gerade aus diesem Grund.

Die beiden Texter des Jahresrückblicks sind tatsächlich so unterschiedlich, als wären sie gecastet worden: Bov Bjerg und Horst Evers. Aus vielen Gründen sind beide heute bundesweit bekannt, aus vielen Gründen beide auf unterschiedlichen Feldern.

Bov Bjerg charakterisiert vielleicht besonders sein antifaschistisches Tourette-Syndrom. In jedem Jahr gab es unerwarteterweise Gründe, vor Neonazis und allem, was in ihrem Fahrwasser schwimmt, zu warnen. Das war allerdings nie alles, was ihm zum ablaufenden Jahr einfiel, er kommentierte und verknüpfte, was das Zeug hielt, große und kleine Politik, große und kleine gesellschaftspolitische Aufhänger. Es entstanden zahllose Geschichten, die Lacher oft mit Verzögerung erzeugten, weil man erst hinterherdenken musste, ein großer intellektueller und anderer Spaß.

Bei Horst Evers hingegen zieht sich neben technischen Geräten (nein, keinen normalen, sondern sich verselbstständigende oder anders zukunftsweisende) die Stadt durch seine Texte. Überhaupt findet man in seinen Geschichten tausend und mehr Beobachtungen aus seinem Alltag – und, wie man den ausgelassenen Reaktionen immer neu entnehmen kann, auch aus dem des Publikums. Wenn ich aufzähle, was dem Jahresrückblick der fünf den ganz individuellen Stempel aufdrückt, so sind es für mich vor allem die beiden Geschichtenerzähler, die sich mit ihren Geschichten oft weit vom Weltgeschehen entfernen und zugleich doch dem Publikum immer so nah bleiben. Die Welt und Land und Stadt, Straße und Haus zum Thema haben und nie vorhersehbar waren.

///

»Meinst du, wir müssen der Merkel ein Drehbuch schreiben?« – »Pfft«, machte Evers, den schon der pure Gedanke erschöpfte. »Nee.« – »Ich fühl mich aber nicht gut damit, dass sie tut und sagt, was sie will«, insistierte Bjerg.

»Wenn wir sie gut erfunden haben, dann agiert sie von ganz allein richtig. Wobei es eigentlich gar nicht richtig oder falsch gibt, es gibt nur Kunst«, warf der alte Theaterhase Jungmann ein. Heesch interessierte sich längst nicht mehr für Frau Merkel, sondern nur noch für ihre Gegenspieler, die er gewöhnlich so lang an seinen Bühnenkollegen ausprobierte, bis die ihn inbrünstig hassten. Er vertraute auf ihre Gewaltlosigkeit, bis ihn Maurenbrecher eines Abends mit Stricken an sein Klavier band und erst zu spielen aufhörte, als Heesch schreiend versprach, keine SPDler mehr außerhalb des Mehringhoftheaters zu imitieren.

Der wahre Grund für das mangelnde Drehbuch war, dass die fünf ihr Geschöpf freilassen und von ihm überrascht werden wollten. Und siehe da: Ihr Geschöpf entwickelte eine völlig unerwartete Kreativität in Sachen Unsinn und Chaos. Manchmal kam der Jahresrückblick bei der Kommentierung und Strukturierung des jeweils vergangenen Jahres kaum hinterher.

Stopp.

Frau Dr. Merkel ist jedes Jahr wieder traurig, wenn sie die letzte Show des Jahresrückblicks gespielt hat und nur noch die trockene Regierungschefin ist. »Das habe ich besser gemacht, als ich in meinen kühnsten Träumen gehofft habe«, denkt sie beim letzten Auftritt gerührt über die vier von ihr gecasteten Männer. Jedes Jahr denkt sie darüber nach, ihnen Ministerämter anzubieten, aber jedes Jahr kommt sie wieder zu dem Schluss, dass sie das nur verderben würde. Aber in einem Winkel ihres Herzens weiß sie, dass sie einen Fehler macht.

///

Das Jahresrückblicksquintett hat die gesamten Kanzlerinnenjahre begleitet, sie unter die Lupe genommen, sie in Stücke geschnitten und neu zusammengesetzt. Das Private ist politisch, dieser Satz hat seit der Studentenrevolution nicht an Wahrheit verloren. Und der Jahresrückblick zeigt das zu jedem Jahreswechsel in frischer Form. Ein Glück, dass Berlin diesen Jahresrückblick hat!

Daniela Böhle   August 2019

Wir danken:

Christian Luschtinetz und Andreas Wahl für bisher 21 Jahre Wohnzimmer Mehringhoftheater; Marie Landgraf für viele wunderbare Kostüme; Nadine Barth, Seher Gül und Annette Reckendorf für die Geduld, fünf hüftsteife Herren auf der Bühne in Bewegung zu setzen; Andreas Albrecht für grandiose Playbacks und Trommelunterricht; Barbara Klehr für sehr hilfreiche Stimmbildung, Arrangement, Korrepetition vieler, vieler Songs; Karin Völker und Rainer Hanke von der Salveymühle in der Abgeschiedenheit des Brandenburger Ostens für jeweils vier Tage im Dezember perfekte Betreuung; Kristjane Maurenbrecher für die schönen Aufnahmen und Produktionen unserer DVDs; Heike Eger für herrliche Perücken; Marie Wellmann für großartige PR- und Pressearbeit; Martina Eberle für liebevolles Catering; David Baltzer für zahlreiche tolle Pressefotos; Albrecht von Lucke von den *Blättern für deutsche und internationale Politik* für die vielen jährlich wiederkehrenden gemeinsamen Vorgespräche und Erörterungen zur innen- und weltpolitischen Lage; Markus Joch als Ensemblemitglied der ersten beiden Rückblicksjahre 1997/98, insbesondere auch für seine einzigartige Eberhard-Diepgen-Parodie; Bernd Schirpke für die exakte und detaillierte Garderoben-Skizze.

Bov Bjerg, Jahrgang 1965, ist Schriftsteller und Vorleser, Mitbegründer verschiedener Lesebühnen (u. a. *Reformbühne Heim & Welt* und *Mittwochsfazit*). Zwei Romane, »Deadline« und »Auerhaus«. Ein Geschichtenband: »Die Modernisierung meiner Mutter«. Sein dritter Roman, »Serpentinen«, erscheint 2020 bei *Claassen*.

Horst Evers, 1967 in Niedersachsen geboren, begann 1989 in Berlin Geschichten auf Bühnen vorzulesen, was allgemein guten Zuspruch fand und dazu führte, dass er seither eine recht ordentliche Menge durchaus angesehener Preise erhielt. Acht Bücher mit Kurzgeschichten sowie drei Romane, zuletzt »Es hätte alles so schön sein können« bei *Rowohlt Berlin*.

Hannes Heesch, Jahrgang 1966, begann als Schüler in Kiel aus einer Laune heraus Stoltenberg zu parodieren. Es folgten 30 weitere Politfiguren im Jahresrückblick. Außerdem Programme mit *Schwarzbrotgold* und dem *Polyphonia Ensemble (DSO), Ketzer & Belling für extra 3*. Zudem Dozent in der politischen Bildung, u.a. am Goethe-Institut. Autor des Wegweisers »Orte erinnern. Spuren des NS-Terrors in Berlin« bei *Nicolai*.

Christoph Jungmann, Jahrgang 1962, geboren und aufgewachsen in Berlin (West), ist außer »Angela Merkel« Schauspieler in Film und Fernsehen sowie Lehrer und Schauspieler beim Berliner Improvisationstheater *Die Gorillas*. Er leitet das internationale Berliner Theaterfestival IMPRO und schreibt für die Berliner *Fußball-Woche*.

Manfred Maurenbrecher, Liedermacher und Schriftsteller, lebt seit 1950 in Berlin und seit 1992 auch in Brandenburg. Von ihm gibt es circa 20 LPs/CDs (zuletzt »flüchtig«), viel Kurzprosa und drei Romane (aktuell »Grünmantel« im *be.bra verlag*). Ein paar Preise hat er auch erhalten. Sternzeichen: Stier.

Maxim Leo & Jochen Gutsch

Du bleibst mein Sieger, Tiger

Noch mehr Trost für Alterspubertierende

Laminierter Pappband
Auch als E-Book erhältlich.
www.ullstein-buchverlage.de

»Nichts lässt einen das eigene Alter so sehr spüren wie die Anwesenheit junger Menschen mit frisch erwachtem Sexualtrieb. Manchmal sitzen meine Frau und ich vor dem Fernseher, schauen einen ›Tatort‹, und der erotischste Satz, der an diesem Abend fällt, lautet: ›Schatz, kannst du mir mal die Salzstangen reichen?‹ Während ein paar Meter entfernt, im Zimmer formerly known as Kinderzimmer, zwei Teenager in einer Hormonexplosion durch das Kamasutra reiten.«

»Gutsch und Leo schreiben schräg, komisch, ein bisschen durchgeknallt, aber sehr wahrhaftig über einen Lebensabschnitt, mit dessen Merkwürdigkeiten sie nicht gerechnet hätten.«
CHRISTINE WESTERMANN

»Eine großartige Lektüre für die gute Laune.«
WDR 4